Mettre en pratique le pouvoir du moment présent

ECKHART TOLLE

Mettre en pratique le pouvoir du moment présent

Enseignements essentiels, méditations et exercices pour jouir d'une vie libérée

Traduit de l'anglais (États-Unis)
de Anne J. Ollivier

J'AI LU
Bien être

Collection dirigée
par Ahmed Djouder

Révision linguistique : Monique Riendeau et Michelle Bachand

Titre original :
PRACTICING THE POWER OF NOW
ESSENTIEL TEACHINGS, MEDITATIONS AND EXERCICES
FROM THE POWER OF NOW

Publié par New World Library, Novato, CA 94949 USA

© Eckhart Tolle, 2001

Pour l'édition française:
© Ariane Éditions inc., 2002

*La liberté commence quand vous prenez conscience
que vous n'êtes pas cette entité,
c'est-à-dire le penseur.
En sachant cela, vous pouvez
alors surveiller cette entité.
Dès l'instant où vous vous mettez à observer
le penseur, un niveau plus élevé
de conscience est activé.
Vous comprenez petit à petit qu'il existe
un immense royaume d'intelligence
au-delà de la pensée et que celle-ci ne constitue
qu'un infime aspect de cette intelligence.
Vous réalisez aussi que toutes les choses vraiment
importantes – la beauté, l'amour,
la créativité, la joie, la paix – trouvent
leur source au-delà du mental.*

Et vous commencez alors à vous éveiller.

INTRODUCTION

Depuis sa parution en 1997, *Le pouvoir du moment présent* a eu une forte répercussion sur le conscient collectif de la planète, et ce, au-delà de tout ce que j'aurais pu imaginer. En effet, il a été traduit en quinze langues et il amène des lecteurs de partout dans le monde à m'envoyer chaque jour des lettres dans lesquelles ils me confient à quel point leur vie a changé depuis qu'ils ont pris connaissance des enseignements qui y sont divulgués.

Bien que les effets de la folie propre à l'ego fassent encore partie de la réalité dans le monde entier, quelque chose de nouveau est cependant en train d'émerger. Jamais auparavant il n'y a eu autant de gens prêts à se libérer du joug des formes-pensées collectives qui maintiennent l'humanité dans la souffrance depuis la nuit des temps. Mais nous avons suffisamment souffert ! Il émerge en ce moment un nouvel état de conscience, un état qui fleurit en vous alors même que vous tenez ce livre entre vos mains et lisez des mots qui évoquent la possibilité que les êtres humains vivent librement et sans s'infliger de souffrance, ni à eux ni aux autres.

Nombre des lecteurs qui m'ont écrit ont exprimé le souhait que les aspects pragmatiques des enseignements divulgués dans *Le pouvoir du moment présent* soient présentés sous une forme plus pratique pouvant être mise à contribution tous les jours.

En plus des exercices, cet ouvrage contient aussi de courts passages du livre d'origine qui pourront servir à rappeler certaines notions et à les faire vôtres au quotidien.

Nombre de ces extraits se prêtent particulièrement à une lecture méditative. Lorsque vous vous adonnez à cela, votre intention première n'est pas de colliger de nouvelles informations, mais plutôt d'accéder à un état de conscience modifié. Voilà pourquoi une même section lue à de multiples reprises aura toujours quelque chose de frais et de neuf à vous apporter. Seules des paroles écrites ou dites dans un état de présence totale à ce qui est ont un tel pouvoir de transformation. Un pouvoir qui éveille chez le lecteur ce même état de présence.

Prenez votre temps pour lire ces passages. Arrêtez-vous aussi souvent que nécessaire pour laisser place à la réflexion et à l'immobilité intérieure. Vous pouvez aussi, si tel est votre désir, ouvrir ce livre au hasard et n'en parcourir que quelques lignes à la fois.

Quant aux lecteurs qui se sont sentis un peu dépassés ou intimidés par la lecture du *Pouvoir du moment présent*, cet ouvrage pourra leur servir d'introduction.

Eckhart TOLLE
9 juillet 2001

PREMIÈRE PARTIE

ACCÉDER AU POUVOIR
DU MOMENT PRÉSENT

*Lorsque votre conscience est dirigée vers l'extérieur,
le monde et le mental voient le jour.
Lorsqu'elle est dirigée vers l'intérieur,
elle actualise sa propre source
et retourne à sa demeure originelle
dans le non-manifeste.*

CHAPITRE UN

L'ÊTRE ET L'ILLUMINATION

Il y a LA vie éternelle et omniprésente qui existe au-delà des myriades de formes de vie assujetties au cycle de la naissance et de la mort. Plusieurs personnes utilisent le mot Dieu pour la décrire ; moi, je l'appelle « Être ».

À l'instar du terme « Dieu », le mot « être » n'explique rien. Par contre, il a l'avantage d'être un concept ouvert. Il ne réduit pas l'infini invisible à une entité finie et il est impossible de s'en faire une image mentale. Personne ne peut se déclarer être l'unique détenteur de l'être, car il s'agit de votre essence même et celle-ci vous est accessible immédiatement sous la forme de la sensation de votre propre essence. Le pas à franchir entre le terme « Être » et l'expérience d'« Être » est donc plus petit.

LECTURE MÉDITATIVE

L'Être n'existe cependant pas seulement au-delà mais aussi au cœur de toute forme ; il constitue l'essence invisible et indestructible la plus profonde. Mais ne cherchez pas à le saisir avec votre mental ni à le comprendre.

Vous pouvez l'appréhender seulement lorsque votre « mental » s'est tu. Quand vous êtes présent, quand votre attention est totalement et intensément dans le présent, vous pouvez sentir l'être. Mais vous ne pouvez jamais le comprendre mentalement.

Retrouver cette présence à l'Être et se maintenir dans cet état de « sensation de réalisation », c'est cela l'illumination.

Le terme « illumination » évoque l'idée d'un accomplissement surhumain, et l'ego aime s'en tenir à cela. Mais l'illumination est tout simplement votre état naturel, la sensation de ne faire qu'un avec l'Être. C'est un état de fusion avec quelque chose de démesuré et d'indestructible. Quelque chose qui, presque paradoxalement, est essentiellement vous mais pourtant beaucoup plus vaste que vous.

L'ILLUMINATION, C'EST TROUVER VOTRE VRAIE NATURE AU-DELÀ DE TOUT NOM ET DE TOUTE FORME.

Et ce qui nous empêche de connaître cette réalité, c'est l'identification au « mental », car celle-ci amène la pensée à devenir compulsive. L'incapacité à s'arrêter de penser est une épouvantable affliction. Nous ne nous en rendons pas compte parce que presque tout le monde en est atteint : nous en venons à la considérer comme normale. Cet incessant bruit mental vous empêche de trouver ce royaume de calme intérieur qui est indissociable de l'« Être ». Ce bruit crée également un faux moi érigé par l'ego qui projette une ombre de peur et de souffrance sur tout.

L'identification au mental crée chez vous un écran opaque de concepts, d'étiquettes, d'images, de mots, de jugements et de définitions qui empêchent toute vraie relation. Cet écran s'interpose entre vous et vous-même, entre vous et votre prochain, entre vous et la nature, entre vous et le divin. C'est cet écran de pensées qui amène cette illusion de division, l'illusion qu'il y a vous et un « autre », totalement séparé de vous. Vous oubliez un fait essentiel : derrière le plan des apparences physiques et de la diversité des formes, vous ne faites qu'un avec tout ce qui est.

Le mental est un magnifique outil si l'on s'en sert à bon escient. Dans le cas contraire, il devient très destructeur. Plus précisément, ce n'est pas tant que vous utilisez mal votre « mental » ; c'est plutôt qu'en général vous ne vous en servez pas du tout car c'est lui qui se sert de vous. Et c'est cela la maladie, puisque vous croyez être votre mental. C'est cela l'illusion. L'outil a pris possession de vous.

LECTURE MÉDITATIVE

La liberté commence quand vous prenez conscience que vous n'êtes pas cette entité, c'est-à-dire le penseur. En sachant cela, vous pouvez alors surveiller cette entité. Dès l'instant où vous vous mettez à observer le penseur, un niveau plus élevé de conscience est activé.

Vous comprenez petit à petit qu'il existe un immense royaume d'intelligence au-delà de la pensée et que celle-ci ne constitue qu'un infime aspect de cette intelligence. Vous réalisez aussi que toutes les choses vraiment importantes – la beauté, l'amour, la créativité, la joie, la paix – trouvent leur source au-delà du mental.

ET VOUS COMMENCEZ ALORS À VOUS ÉVEILLER.

Comment se libérer du mental

La bonne nouvelle dans tout cela, c'est que vous pouvez effectivement vous libérer du mental. Et c'est là la véritable libération.

VOUS POUVEZ MÊME COMMENCER DÈS MAINTENANT.

EXERCICE

Écoutez aussi souvent que possible cette voix dans votre tête. Prêtez particulièrement attention aux schémas de pensée répétitifs, à ces vieux disques qui jouent et rejouent les mêmes chansons peut-être depuis des années. C'est ce que j'entends quand je vous suggère « d'observer le penseur ». C'est une autre façon de vous dire d'écouter cette voix dans votre tête, d'être la présence qui joue le rôle de témoin.

Lorsque vous écoutez cette voix, faites-le objectivement, c'est-à-dire sans juger. Ne condamnez pas ce que vous entendez, car si vous le faites, cela signifie que cette même voix est revenue par la porte de service. Vous prendrez bientôt conscience qu'il y a la voix et qu'il y a quelqu'un qui l'écoute et qui l'observe. Cette prise de conscience que quelqu'un surveille, ce sens de votre propre présence, n'est pas une pensée. Cette réalisation trouve son origine au-delà du « mental ».

Ainsi, quand vous observez une pensée, vous êtes non seulement conscient de celle-ci, mais aussi de vous-même en temps que témoin de la pensée.

EXERCICE

Pendant que vous observez cette pensée, *vous sentez pour ainsi dire une présence, votre moi profond, derrière elle ou sous elle. Elle perd alors son pouvoir sur vous et bat rapidement en retraite du fait que, en ne vous identifiant plus à elle, vous n'alimentez plus le mental. Ceci est le début de la fin de la pensée involontaire et compulsive.*

Lorsqu'une pensée s'efface, il se produit une discontinuité dans le flux mental, un intervalle de « non-mental ». Au début, ces hiatus seront courts, peut-être de quelques secondes, mais ils deviendront peu à peu de plus en plus longs. Lorsque ces décalages dans la pensée se produisent, vous ressentez un certain calme et une certaine paix. C'est le début de votre état naturel de fusion consciente avec l'Être qui est, généralement, obscurcie par le mental.

Avec le temps et l'expérience, la sensation de calme et de paix s'approfondira et se poursuivra ainsi sans fin. Vous sentirez également une joie délicate émaner du plus profond de vous, celle de l'Être.

Dans cet état d'unité avec l'Être, vous êtes beaucoup plus alerte, beaucoup plus éveillé que dans l'état d'identification au mental. Vous êtes en fait totalement présent. Et cette condition élève les fréquences vibratoires du champ énergétique qui transmet la vie au corps physique.

Lorsque vous pénétrez de plus en plus profondément dans cet état de vide mental ou de « non-mental », comme on le nomme parfois en Orient, vous atteignez la conscience pure. Et dans cette situation, vous ressentez votre propre présence avec une intensité et une joie telles que toute pensée, toute émotion, votre corps physique ainsi que le monde extérieur deviennent relativement insignifiants en comparaison. Cependant, il ne s'agit pas d'un état d'égoïsme mais plutôt d'un état d'absence d'ego. Vous êtes transporté au-delà de ce que vous preniez auparavant pour « votre moi ». Cette présence, c'est vous en essence, mais c'est en même temps quelque chose d'inconcevablement plus vaste que vous. Ce que j'essaie de transmettre dans cette explication peut sembler paradoxal ou même contradictoire, mais je ne peux l'exprimer d'aucune autre façon.

EXERCICE

Au lieu « d'observer le penseur », vous pouvez également créer un hiatus dans le mental en reportant simplement toute votre attention sur le moment présent.

Vous en tirerez une profonde satisfaction. De cette façon, vous écartez la conscience de l'activité mentale et créez un vide mental où vous devenez extrêmement vigilant et conscient mais où vous ne pensez pas.

CECI EST L'ESSENCE MÊME DE LA MÉDITATION.

Dans votre vie quotidienne, *vous pouvez vous y exercer durant n'importe quelle activité routinière, qui n'est normalement qu'un moyen d'arriver à une fin, en lui accordant votre totale attention afin qu'elle devienne une fin en soi. Par exemple, chaque fois que vous montez ou descendez une volée de marches chez vous ou au travail, portez attention à chacune des marches, à chaque mouvement et même à votre respiration. Soyez totalement présent.*

Ou bien lorsque vous vous lavez les mains, prenez plaisir à toutes les perceptions sensuelles qui accompagnent ce geste : le bruit et la sensation de l'eau sur la peau, le mouvement de vos mains, l'odeur du savon, ainsi de suite.

Ou bien encore, une fois monté dans votre voiture et la portière fermée, faites une pause de quelques secondes pour observer le mouvement de votre respiration. Remarquez la silencieuse mais puissante sensation de présence qui se manifeste en vous. Un critère certain vous permet d'évaluer si vous réussissez ou non dans cette entreprise : le degré de paix que vous ressentez alors intérieurement.

L'illumination, c'est s'élever au-delà de la pensée

Quand vous grandissez, vous vous faites une image mentale de qui vous êtes en fonction de votre conditionnement familial et culturel. On pourrait appeler ce « moi fantôme », l'ego. Il se résume à l'activité mentale et ne peut se perpétuer que par l'incessante pensée. Le terme « ego » signifie diverses choses pour différentes gens, mais quand je l'utilise ici, il désigne le faux moi créé par l'identification inconsciente au mental.

Aux yeux de l'ego, le moment présent n'existe quasiment pas, car seuls le passé et le futur lui importent. Ce renversement total de la vérité reflète bien à quel point le mental est dénaturé quand il fonctionne sur le mode « ego ». Sa préoccupation est de toujours maintenir le passé en vie, car sans lui qui seriez-vous ? Il se projette constamment dans le futur pour assurer sa survie et pour y trouver une forme quelconque de relâchement et de satisfaction. Il se dit : « Un jour, quand ceci ou cela se produira, je serai bien, heureux, en paix. »

Même quand l'ego semble se préoccuper du présent, ce n'est pas le présent qu'il voit. Il le perçoit de façon totalement déformée, car il le regarde à travers les yeux du passé. Ou bien il le réduit à un moyen pour arriver à une fin, une fin qui n'existe jamais que dans le futur projeté par lui. Observez votre mental et vous verrez qu'il fonctionne comme ça.

Le secret de la libération réside dans l'instant présent. Mais vous ne pourrez pas vous y retrouver tant et aussi longtemps que vous serez votre mental.

Atteindre l'illumination signifie s'élever au-delà de la pensée. Quand vous avez atteint ce degré d'éveil, vous continuez à vous servir de votre pensée au besoin. La seule différence, c'est que vous le faites de façon beaucoup plus efficace et pénétrante qu'avant. Vous vous servez de votre mental principalement pour des questions d'ordre pratique. Vous n'êtes plus sous l'emprise du dialogue intérieur involontaire, et une paix profonde s'est installée.

Lorsque vous employez le mental, en particulier quand vous devez trouver une solution créative à quelque chose, vous oscillez toutes les quelques minutes entre la pensée et le calme, entre le vide mental et le mental. Le vide mental, c'est la conscience sans la pensée. C'est uniquement de cette façon qu'il est possible de penser de manière créative parce que c'est seulement ainsi que la pensée acquiert vraiment un pouvoir. Lorsqu'elle n'est plus reliée au très grand royaume de la conscience, la pensée seule devient stérile, insensée, destructrice.

Les émotions, une réaction du corps mental

Dans le sens selon lequel j'emploie le terme, le mental ne fait pas seulement référence à la pensée. Il comprend également vos émotions ainsi que tous les schèmes réactifs inconscients mettant en rapport pensées et émotions. Les émotions naissent au point de rencontre du corps et du mental.

Plus vous vous identifiez à vos pensées, à vos goûts, à vos jugements et à vos interprétations, c'est-à-dire moins vous êtes présent en tant que conscience qui observe, plus grande sera la charge émotionnelle. Et ceci, que vous en soyez conscient ou non. Si vous ne réussissez pas à ressentir vos émotions, si vous en êtes coupé, vous en ferez l'expérience sur un plan purement physique, sous la forme d'un problème ou d'un symptôme physique.

Si vous avez de la difficulté à ressentir vos émotions, commencez par centrer votre attention sur le champ énergétique de votre corps. Sentez votre corps de l'intérieur. Ceci vous mettra aussi en contact avec vos émotions.

Si vous voulez vraiment apprendre à connaître votre mental, observez l'émotion, ou mieux encore, ressentez-la dans votre corps, car celui-ci vous donnera toujours l'heure juste. Si, apparemment, il y a un conflit entre les deux, la pensée mentira alors que l'émotion dira la vérité. Non pas la vérité ultime de votre essence, mais la vérité relative de votre état d'esprit à ce moment-là.

Mais si vous n'êtes pas encore capable de conscientiser l'activité mentale inconsciente sous la forme de pensées, celle-ci sera toujours reflétée dans le corps sous la forme d'une émotion. Et de cela vous pouvez prendre conscience.

Fondamentalement, on observe une émotion de la même façon qu'une pensée, comme je l'ai expliqué plus haut. La seule différence, c'est qu'une émotion est fortement reliée au physique et que vous la ressentirez principalement dans le corps, alors qu'une pensée se loge dans la tête. Vous pouvez alors permettre à l'émotion d'être là sans être contrôlé par elle. Vous n'êtes plus l'émotion : vous êtes le témoin, la présence qui observe.

Si vous vous exercez à cela, tout ce qui est inconscient en vous sera amené à la lumière de la conscience.

Prenez l'habitude de vous poser la question suivante : « Qu'est-ce qui se passe en moi en ce moment ? » Elle vous indiquera la bonne direction. Mais n'analysez pas. Contentez-vous d'observer. Tournez votre attention vers l'intérieur. Sentez l'énergie de l'émotion. S'il n'y a aucune émotion, soyez encore plus profondément attentif à votre champ énergétique, à l'intérieur du corps. C'est la porte d'accès à l'Être.

CHAPITRE DEUX

L'ORIGINE DE LA PEUR

La peur psychologique n'a rien à voir avec la peur ressentie face à un danger concret, réel et immédiat. La peur psychologique se présente sous une multitude de formes : un malaise, une inquiétude, de l'anxiété, de la nervosité, une tension, de l'appréhension, une phobie, etc. Ce type de peur concerne toujours quelque chose qui pourrait survenir et non pas ce qui est en train d'arriver. Vous êtes dans l'ici-maintenant, tandis que votre mental est dans le futur. Cela crée un hiatus chargé d'anxiété. Et si vous êtes identifié à votre mental et que vous avez perdu contact avec la puissance et la simplicité de l'instant présent, ce hiatus sera votre fidèle compagnon. Vous pouvez toujours composer avec l'instant présent, mais vous ne pouvez pas le faire avec ce qui n'est qu'une projection du mental. Bref, vous ne pouvez pas composer avec le futur.

Tant que vous êtes identifié à votre mental, l'ego mène votre vie. À cause de sa nature fantomatique et en dépit de mécanismes de défense élaborés, l'ego est très vulnérable et inquiet. Il se sent constamment menacé. Ce qui est d'ailleurs le cas, même si, vu de l'extérieur, il donne l'impression d'être sûr de lui. Alors, rappelez-vous qu'une émotion est une réaction du corps à votre mental. Quel message le corps reçoit-il continuellement de l'ego, ce moi faux et artificiel ? Danger, je suis menacé. Et quelle est l'émotion générée par ce message continuel ? La peur, bien entendu.

La peur semble avoir bien des causes : une perte, un échec, une blessure, etc. Mais en définitive, toute peur revient à la peur qu'a l'ego de la mort, de l'anéantissement. Pour l'ego, la mort est toujours au détour du chemin. Dans cet état d'identification au mental, la peur de la mort se répercute sur chaque aspect de votre vie. Par exemple, même une chose apparemment aussi insignifiante et « normale » que le besoin compulsif d'avoir raison et de vouloir donner tort à l'autre – en défendant la position mentale à laquelle vous vous êtes identifié – est due à la peur de la mort. Si vous vous identifiez à cette position mentale et que vous ayez tort, le sens de votre moi, qui est fondé sur le mental, est sérieusement menacé d'anéantissement. En tant qu'ego, vous ne pouvez alors vous permettre d'avoir tort, puisque cela signifie mourir. Cet enjeu a engendré des guerres et d'innombrables ruptures.

Lorsque vous vous serez désidentifié de votre mental, avoir tort ou raison n'aura aucun impact sur le sens que vous avez de votre identité. Et le besoin si fortement compulsif et si profondément inconscient d'avoir raison, qui est une forme de violence, ne sera plus là. Vous pourrez énoncer clairement et fermement la façon dont vous vous sentez ou ce que vous pensez, mais sans agressivité ni en étant sur la défensive. Le sens de votre identité proviendra alors d'un espace intérieur plus profond et plus vrai que le mental.

LECTURE MÉDITATIVE

Prenez garde à toute manifestation de défensive *chez vous. Que défendez-vous alors ? Une identité illusoire, une représentation mentale, une entité fictive ? En conscientisant ce scénario, en étant le témoin, vous vous désidentifierez de lui. À la lumière de votre conscience, le scénario inconscient disparaîtra alors rapidement. Ce sera la fin des querelles et des jeux de pouvoir, si corrosifs pour les relations. Le pouvoir sur les autres, c'est de la faiblesse déguisée en force. Le véritable pouvoir est à l'intérieur et il est déjà vôtre.*

Le mental cherche continuellement à dissimuler l'instant présent derrière le passé et le futur. Par conséquent, lorsque la vitalité et le potentiel créatif infini de l'Être, indissociables du moment présent, sont jugulés par le temps, votre nature véritable est éclipsée par le mental. Une charge de temps de plus en plus lourde s'accumule sans cesse dans l'esprit humain. Tous les individus pâtissent sous ce fardeau, mais ils continuent aussi de l'étoffer chaque fois qu'ils ignorent ou nient ce précieux instant, ou le réduisent à un moyen d'arriver à quelque instant futur qui n'existe que dans le mental, jamais dans la réalité. L'accumulation de temps dans le mental humain, collectif et individuel, comporte également, en quantité immense, des résidus de souffrance passée.

Si vous ne voulez plus créer de souffrance pour vous-même et pour d'autres, si vous ne voulez plus rien ajouter aux résidus de cette souffrance passée qui vit encore en vous, ne créez plus de temps, ou du moins, n'en créez pas plus qu'il ne vous en faut pour faire face à la vie de tous les jours. Comment cesser de créer du temps ?

LECTURE MÉDITATIVE

Prenez profondément conscience *que le moment présent est toujours uniquement ce que vous avez. Faites de l'instant présent le point de mire principal de votre vie. Tandis qu'auparavant vous habitiez le temps et accordiez de petites visites à l'instant présent, faites du « maintenant » votre lieu de résidence principal et accordez de brèves visites au passé et au futur lorsque vous devez affronter les aspects pratiques de votre vie.*

Dites toujours « oui » au moment présent.

Mettez fin à l'illusion qu'est le temps

La clé, c'est de mettre fin à l'illusion du temps, parce que le temps et le mental sont indissociables. Si vous éliminez le temps du mental, celui-ci s'arrête. Sauf si vous choisissez de vous en servir.

Quand vous êtes identifié au mental, vous êtes prisonnier du temps et une compulsion vous incite à vivre presque exclusivement en fonction de la mémoire et de l'anticipation. Ceci génère une préoccupation permanente face au passé et au futur, une indisponibilité à honorer et à accueillir l'instant présent, ainsi qu'une incapacité à lui permettre d'être. La compulsion naît du fait que le passé vous confère une identité et que le futur comporte une promesse de salut et de satisfaction, sous une forme ou une autre. Passé et futur sont tous deux des illusions.

Plus vous êtes axé sur le temps, c'est-à-dire le passé et le futur, plus vous ratez le présent, la chose la plus précieuse qui soit.

Et pourquoi l'est-elle ? Parce qu'elle est l'unique chose qui soit. Parce que c'est tout ce qui existe. L'éternel présent est le creuset au sein duquel toute votre vie se déroule, le seul facteur constant. La vie, c'est maintenant. Il n'y a jamais eu un moment où votre vie ne se déroulait pas « maintenant » et il n'y en aura d'ailleurs jamais.

De plus, l'instant présent est l'unique point de référence qui puisse vous transporter au-delà des frontières limitées du mental. Il est votre seul point d'accès au royaume intemporel et sans forme de l'Être.

Avez-vous jamais eu une expérience, fait, pensé ou senti quelque chose qui ne se situe pas dans le moment présent ? Pensez-vous que cela puisse vous arriver un jour ? Est-il possible que quelque chose soit en dehors de l'instant présent ? La réponse est évidente, n'est-ce pas ?

RIEN NE S'EST JAMAIS PRODUIT DANS LE PASSÉ : CELA S'EST PRODUIT DANS LE PRÉSENT.

RIEN NE SE PRODUIRA JAMAIS DANS LE FUTUR : CELA SE PRODUIRA DANS LE PRÉSENT.

Le mental ne peut pas comprendre l'essence de ce que je suis en train de dire. Toutefois, dès que vous la saisissez, il se produit un basculement de la conscience, du mental à l'Être, du temps à la présence. Tout d'un coup, tout semble vivant, irradie d'énergie, s'anime de l'Être.

CHAPITRE TROIS

ACCÉDER AU POUVOIR DU MOMENT PRÉSENT

La dimension de l'intemporel introduit une autre sorte de forme d'appréhension de la réalité qui ne « tue » pas l'esprit vivant en chaque créature et en chaque chose. Une appréhension de la réalité qui ne détruit pas le sacré et le mystère de la vie mais qui exprime plutôt un profond amour et une immense révérence pour tout ce qui est. Une appréhension de la réalité dont le mental ne sait rien.

EXERCICE

Brisez la vieille habitude *qui vous fait nier le moment présent et y résister. Exercez-vous à soustraire votre attention du passé et du futur quand la nécessité ne se présente pas. Sortez de la dimension temporelle autant que vous le pouvez dans le quotidien.*

Si vous éprouvez de la difficulté à accéder directement à l'instant présent, exercez-vous d'abord en observant la tendance habituelle de votre mental à vouloir fuir le moment présent. Vous constaterez qu'il imagine en général le futur comme étant meilleur ou pire que le présent. Dans le premier cas, il vous donne de l'espoir et du plaisir par anticipation. Dans le deuxième cas, il crée de l'anxiété. Chaque fois, il s'agit pourtant d'une illusion. En vous observant vous-même, vous pouvez automatiquement devenir plus présent dans votre vie. Dès l'instant où vous prenez conscience que vous n'êtes plus présent, vous l'êtes. Chaque fois que vous pouvez observer votre mental, vous n'êtes plus pris à son piège. Un autre facteur est entré en jeu, quelque chose qui n'appartient pas au mental, la présence-témoin.

Soyez présent en tant qu'observateur de votre mental, c'est-à-dire de vos pensées, de vos émotions et de vos réactions dans diverses situations. Accordez au moins autant d'attention à vos réactions qu'à la situation ou à la personne qui vous fait réagir.

Remarquez aussi la répétitivité avec laquelle votre attention se fixe sur le passé ou le futur. Ne jugez pas et n'analysez pas ce que vous observez. Regardez la pensée, sentez l'émotion, surveillez la réaction. N'en faites pas une problématique. Vous sentirez alors quelque chose de plus puissant que n'importe lequel de vos sujets d'observation : la présence calme qui observe de derrière le contenu du mental, le témoin silencieux.

Lorsque certaines situations déclenchent des réactions empreintes d'une forte charge émotionnelle, comme lorsque l'image de soi est menacée, qu'un défi se présente dans votre vie et suscite de la peur, que les choses vont mal ou qu'un nœud émotionnel du passé refait surface, la présence doit se faire intense. Dans de telles situations, vous avez tendance à devenir « inconscient ». La réaction ou l'émotion prend totalement possession de vous, vous devenez elle et agissez en fonction d'elle. Vous vous justifiez, vous accusez, vous attaquez, vous vous défendez... Sauf qu'il ne s'agit pas de vous, mais du scénario réactif, du mental dans son habituel mode de survie.

S'identifier au mental, c'est lui donner de l'énergie. Observer le mental, c'est lui enlever de l'énergie. S'identifier au mental accentue la dimension temporelle. Observer le mental donne accès à la dimension intemporelle. L'énergie économisée se transforme en présence. Une fois que vous savez d'expérience ce qu'être présent signifie, il est beaucoup plus aisé de simplement choisir de sortir de la dimension temporelle chaque fois que vous n'avez pas besoin du temps pour des raisons pratiques et de plonger davantage dans le présent.

Ceci n'amoindrit pas votre aptitude à vous servir de la dimension temporelle – le passé ou le futur – quand vous avez besoin d'y faire référence pour des questions d'ordre pratique. Cela n'amoindrit pas non plus votre capacité à employer votre mental. En fait, cela l'améliore. Quand vous utiliserez votre mental, celui-ci sera plus vif, plus pointu.

La personne illuminée maintient toujours son attention dans le présent, celle-ci est tout de même consciente du temps à la périphérie. Autrement dit, elle continue à se servir du « temps-horloge » mais est libérée du « temps psychologique »

Comment se défaire du temps psychologique

Apprenez à utiliser le temps dans les aspects pratiques de votre vie – on pourrait appeler cela le « temps-horloge » –, mais revenez immédiatement à la conscience du moment présent quand les choses pratiques ont été réglées. De cette façon, il n'y aura aucune accumulation de « temps psychologique », qui est l'identification au passé et la perpétuelle projection compulsive dans le futur.

Si vous vous donnez un objectif et travaillez pour l'atteindre, vous vous servez du « temps-horloge ». Vous êtes conscient de la direction que vous voulez prendre, mais vous honorez le pas que vous faites dans le moment et lui accordez votre attention la plus totale. Si vous devenez trop axé sur l'objectif parce que, à travers lui, vous recherchez peut-être le bonheur, la satisfaction et une certaine complétude, vous n'honorez plus le présent. Celui-ci se réduit à un tremplin pour le futur, sans aucune valeur intrinsèque. Le « temps-horloge » se transforme alors en « temps psychologique ». Votre périple n'est plus une aventure, mais seulement un besoin obsessionnel d'arriver quelque part, d'atteindre quelque chose, de réussir. Vous ne voyez ni ne sentez plus les fleurs sur le bord du chemin et vous n'êtes plus conscient de la beauté et du miracle de la vie qui sont révélés partout autour de vous quand vous êtes dans l'instant présent.

Désirez-vous toujours être ailleurs que là où vous êtes ? Le « faire » est-il pour vous seulement un moyen d'arriver à une fin ? La satisfaction doit-elle toujours être imminente ou se réduit-elle à des plaisirs de courte durée comme le sexe, la nourriture, la boisson, les drogues, à des sensations fortes et à une certaine surexcitation ? Votre objectif est-il constamment d'atteindre, de devenir et d'accomplir ? Ou bien êtes-vous à la poursuite de nouvelles sensations, d'autres plaisirs ? Croyez-vous qu'en ayant davantage de possessions vous serez meilleur, plus satisfait ou psychologiquement plus complet ? Attendez-vous qu'un homme ou une femme donne un sens à votre vie ?

Dans l'état de conscience normal non éveillé, c'est-à-dire quand on s'identifie au mental, le pouvoir et l'infini potentiel créatif qui sont dissimulés dans le présent sont complètement éclipsés par le temps psychologique. Votre vie perd alors sa vitalité, sa fraîcheur et son sens de l'émerveillement. Les vieux scénarios de pensées, d'émotions, de comportements, de réactions et de désirs sont rejoués à l'infini. C'est là un script mental qui vous procure une sorte d'identité mais qui, en fait, déforme ou dissimule la réalité qu'est le présent. Et le mental fait alors du futur une obsession pour échapper à un présent insatisfaisant.

Ce que vous percevez comme le futur fait intrinsèquement partie de votre état de conscience dans le moment présent. Si votre mental traîne un lourd fardeau de passé, vous répéterez les mêmes expériences, car sans présence, le passé se perpétue de lui-même. La qualité de votre conscience dans cet instant-ci façonne votre futur, qui bien sûr ne pourra être vécu que comme le présent.

SI LA QUALITÉ DE VOTRE CONSCIENCE À CE MOMENT-CI DÉTERMINE LE FUTUR, QU'EST-CE QUI DÉTERMINE LA QUALITÉ DE VOTRE CONSCIENCE ? VOTRE DEGRÉ DE PRÉSENCE. PAR CONSÉQUENT, LE SEUL DOMAINE À

PARTIR DUQUEL LE VÉRITABLE CHANGEMENT PEUT S'OPÉRER ET OÙ LE PASSÉ PEUT SE DISSOUDRE, C'EST LE PRÉSENT.

*
* *

Il se peut qu'il vous soit difficile de reconnaître que le temps est à l'origine de votre souffrance ou de vos problèmes. Vous pensez en effet qu'ils sont occasionnés par des situations particulières dans votre vie, ce qui est vrai, si on considère la chose d'un point de vue conventionnel. Mais à moins que vous ne vous attardiez au dysfonctionnement du mental qui cause tous les problèmes, c'est-à-dire son attachement au passé et au futur ainsi que sa dénégation du présent, vos problèmes sont en fait interchangeables.

Si, par miracle, tous vos problèmes ou tout ce que vous percevez comme étant la cause de vos souffrances ou de vos malheurs étaient miraculeusement effacés aujourd'hui, sans que vous soyez devenu plus présent et plus conscient, vous vous retrouveriez tôt ou tard avec un ensemble semblable de problèmes ou de souffrances, comme si une ombre vous suivait où que vous alliez. En fin de compte, il n'y a qu'un problème : le mental prisonnier des mailles du temps.

Le salut n'existe pas dans le temps. Vous ne pouvez être libre dans le futur.

LECTURE MÉDITATIVE

La clé de la liberté, c'est la présence, *vous ne pouvez être libre que dans l'instant présent.*

38

Comment découvrir votre vie derrière vos conditions de vie actuelles

Ce que vous appelez « votre vie » devrait plutôt s'appeler plus justement « vos conditions de vie ». Il s'agit de temps psychologique, du passé et du futur. Dans le passé, certaines choses ne se sont pas déroulées comme vous le vouliez. Vous résistez encore à ce qui s'est produit alors et à ce qui est maintenant. L'espoir vous fait vivre, mais il maintient votre attention sur le futur. Et c'est ce regard fixé sur le futur qui perpétue votre refus du présent et qui vous rend ainsi malheureux.

LECTURE MÉDITATIVE

Oubliez un peu vos conditions de vie *pendant un instant et prêtez attention à votre vie.*

Vos conditions de vie existent dans un cadre temporel.

Votre vie, c'est l'instant présent.

Vos conditions de vie sont le produit du mental.

Votre vie est réelle.

Trouvez le « passage étroit qui vous conduit à la vie ». On l'appelle l'instant présent. Ramenez votre vie au moment présent. Vos conditions de vie sont peut-être très problématiques, ce qui est le cas de la plupart des gens, mais essayez de voir si vous avez un problème en ce moment même. Pas demain ni dans dix minutes, mais maintenant. Avez-vous un problème maintenant ?

Lorsque vous êtes envahi par les problèmes, il ne reste aucune place pour la nouveauté ou les solutions. Alors, chaque fois que vous le pouvez, faites un peu de place à tout cela et vous trouverez votre vie qui se cache derrière vos conditions de vie.

Utilisez pleinement vos sens. *Soyez véritablement là où vous êtes. Regardez autour de vous. Simplement, sans interpréter. Voyez la lumière, les formes, les couleurs, les textures. Soyez conscient de la présence silencieuse de chaque objet, de l'espace qui permet à chaque chose d'être.*

Écoutez les bruits sans les juger. Entendez le silence qui les anime. Touchez quelque chose, n'importe quoi, et sentez et reconnaissez son essence.

Observez le rythme de votre respiration. Sentez l'air qui entre et qui sort de vos poumons, sentez l'énergie de vie qui circule dans votre corps. Laissez chaque chose être, au-dedans comme au-dehors.

Reconnaissez en chaque chose son « être-là ».

Plongez totalement dans le présent.

De la sorte, vous laissez derrière vous le monde assourdissant de l'abstraction mentale, du temps. Vous sortez de la folie de ce mental qui vous dépouille de votre énergie vitale et qui empoisonne et détruit la Terre. Vous sortez du rêve qu'est le temps pour arriver dans le présent.

Tous les problèmes sont des illusions du mental

Fixez votre attention sur le présent et
dites-moi quel est votre problème maintenant.

Je n'obtiens aucune réponse de votre part parce qu'il est impossible d'avoir un problème lorsque votre attention est totalement dans le présent. Une situation a besoin d'être acceptée telle quelle ou d'être solutionnée. Bon. Pourquoi en faire un problème ? Pourquoi faire de quoi que ce soit un problème ? La vie ne vous met-elle pas suffisamment au défi comme ça ? À quoi vous servent les difficultés ?

Inconsciemment, le mental les adore parce qu'elles vous confèrent, disons, une sorte d'identité. Ceci est la norme mais c'est de la folie. Avoir un problème veut dire que vous vous appesantissez mentalement sur une situation sans qu'il y ait une véritable intention ou possibilité de passer immédiatement à l'action et que vous l'assimilez au sens que vous avez de votre identité personnelle. Vous êtes tellement pris par vos conditions de vie que vous perdez le sens même de votre vie, de votre Être. Ou bien vous entretenez mentalement le fardeau malsain de la centaine de choses que vous ferez peut-être ou pas dans le futur au lieu de fixer votre attention sur « la » chose que vous pouvez faire maintenant.

> **Quand vous créez un problème**, *vous créez de la souffrance. Tout ce qu'il faut, c'est simplement faire un choix, prendre une décision. C'est se dire, quoi qu'il arrive : je ne me créerai plus de souffrance. Je ne me créerai plus de difficultés.*

Même s'il s'agit d'un choix simple, celui-ci est aussi très radical. Vous ne pourrez faire ce choix à moins d'en avoir vraiment ras le bol, d'en avoir vraiment assez. Et vous ne pourrez pas passer à travers si vous ne réussissez pas à accéder au pouvoir du moment présent. Si vous arrêtez de vous faire souffrir, vous arrêtez également de faire souffrir les autres, de polluer notre belle planète Terre, votre espace intérieur et la psyché humaine collective avec la négativité inhérente à la création de tout problème.

Si vous vous êtes déjà trouvé dans une situation de vie ou de mort, vous savez que celle-ci n'était pas un problème. En fait, le mental n'a pas eu le temps de tergiverser et d'en faire un problème. En cas de véritable urgence, le mental fige et vous devenez totalement disponible au moment présent.

La joie de l'être

Pour vous faire réaliser que vous avez permis au temps psychologique de prendre possession de vous, il vous suffit de faire référence à un critère simple.

Demandez-vous s'il y a de la joie, de l'aisance et de la légèreté dans ce que vous entreprenez. S'il n'y en a pas, c'est que le temps a pris le dessus, que le moment présent est passé à l'arrière-plan et que la vie est perçue comme un fardeau ou un combat.

S'il n'y a ni joie, ni facilité, ni légèreté dans ce que vous entreprenez, cela ne veut pas nécessairement dire que vous devrez modifier ce que vous faites. Il suffit probablement d'en changer les modalités, le comment. Les modalités sont toujours plus importantes que l'action elle-même. Voyez si vous pouvez accorder plus d'attention au « faire » qu'au résultat que vous cherchez à atteindre. Accordez l'attention la plus totale à tout ce que l'instant présent peut offrir. Ceci sous-entend que vous acceptiez totalement ce qui est, parce que vous ne pouvez accorder votre totale attention à quelque chose et y résister.

Dès que vous honorez le moment présent, tout malheur et tout combat disparaissent, et la vie se met à couler dans la joie et la facilité.

Quand vous agissez en fonction de la conscience que vous avez dans le moment présent, tout ce que vous faites est imprégné d'une certaine qualité, d'un certain soin et d'un certain amour, même le plus simple des gestes.

LECTURE MÉDITATIVE

Ne vous préoccupez pas des résultats de vos actions, accordez simplement votre

*attention à l'action elle-même. Le résultat arri-
vera de lui-même. Ceci est un exercice spirituel
puissant.*

Lorsque la compulsion à fuir le présent cesse,
la joie de l'Être afflue dans tout ce que vous
entreprenez. Dès l'instant où votre attention se
tourne vers le présent, vous sentez une présence,
un calme, une paix en vous. Vous ne dépendez
plus du futur pour vous sentir satisfait ou comblé, vous n'attendez plus de lui le salut. Par conséquent, vous n'êtes plus attaché aux résultats. Ni
l'échec ni le succès n'ont le pouvoir de modifier
votre état intérieur, votre Être. Vous avez alors
découvert la vie qui se cachait derrière vos
conditions de vie.

Une fois le temps psychologique disparu, le sens
de votre moi provient de l'Être et non pas du passé
de votre personnalité. Par conséquent, le besoin
psychologique de devenir quelqu'un d'autre que ce
que vous êtes déjà n'existe plus. Dans le monde
extérieur, sur le plan de vos conditions de vie, vous
pouvez bien sûr devenir quelqu'un de riche et
d'érudit qui a réussi et qui s'est libéré de ceci ou
de cela. Mais sur le plan profond de l'Être, vous
êtes complet et entier maintenant.

La conscience intemporelle

Lorsque chaque cellule de votre corps est tellement présente que vous y sentez vibrer la vie et
que, chaque instant, vous la ressentez comme la
joie d'Être, on peut dire, alors, que vous êtes libéré
du temps.

Être libéré du temps, c'est psychologiquement ne plus avoir besoin du passé pour assumer votre identité ni du futur pour vivre votre plénitude. Vous ne pouvez imaginer transformation plus profonde de la conscience.

LECTURE MÉDITATIVE

Une fois que vous avez goûté fugitivement à l'état de conscience intemporel, vous commencez un aller-retour entre les dimensions du temps et de la présence. Vous prenez d'abord conscience du fait que votre attention est rarement dans l'instant présent. Et de savoir que vous n'êtes pas présent constitue déjà une grande réussite : cette reconnaissance est, en soi, une forme de présence, même si, initialement, elle ne dure que quelques secondes de temps-horloge avant d'être reperdue. Puis, vous choisissez de plus en plus souvent de focaliser votre conscience sur l'instant présent plutôt que sur le passé ou le futur, et chaque fois que vous réaliserez que vous avez perdu de vue le présent, vous saurez y rester, non seulement quelques secondes, mais plus longtemps du point de vue du temps-horloge. Alors, avant d'être fermement ancré dans l'état de présence, c'est-à-dire avant d'être totalement conscient, vous faites des allers-retours répétitifs pendant un certain temps, entre la conscience et l'inconscience, entre la présence et l'identification au mental. Vous perdez de vue le présent et vous y retournez. Puis, la présence finit par devenir votre état prédominant.

CHAPITRE QUATRE

ÉLIMINER L'INCONSCIENCE

Il est donc essentiel d'introduire dans votre vie plus de conscience dans des situations ordinaires où tout se passe relativement en douceur. Ainsi, vous intensifierez votre capacité à être présent. Cette présence génère en vous et autour de vous un champ énergétique d'une fréquence vibratoire élevée. Aucune inconscience, négativité, discorde ou violence entrant dans ce champ ne peut y survivre, pas plus que l'obscurité ne peut résister à la lumière.

En apprenant à être le témoin de vos pensées et de vos émotions, ce qui fait essentiellement partie de la capacité à être présent, vous serez peut-être surpris de constater pour la première fois le « parasitage de fond » propre à la conscience ordinaire. Vous serez étonné aussi de noter la rareté des moments – sinon leur totale absence – où vous vous sentez véritablement bien.

Dans vos pensées, vous verrez beaucoup de résistance sous forme de jugement, d'insatisfaction et de projections mentales. Celles-ci vous éloigneront toutes du présent. Sur le plan émotionnel, il y aura un courant sous-jacent de malaise, de tension, d'ennui ou de nervosité. Ce sont deux des aspects du mental dans son mode de résistance habituel.

Observez les nombreuses façons dont le malaise, *l'insatisfaction et la tension se traduisent chez vous par le jugement inutile, la résistance à ce qui est et la dénégation du présent.*

Tout ce qui est inconscient se résorbe lorsque vous envoyez la lumière de la conscience sur tout cela.

Quand vous saurez comment faire disparaître l'inconscience ordinaire, la lumière de votre présence brillera plus vivement et il vous sera beaucoup plus facile de faire face à l'inconscience profonde lorsque vous sentirez qu'elle vous happe. Toutefois, l'inconscience ordinaire peut ne pas être facile à détecter au départ, tant elle est normale.

Prenez l'habitude de suivre de près votre état mental et émotionnel *en vous observant. Il est bon de vous demander : « Suis-je à l'aise, en ce moment ? » Ou bien : « Qu'est-ce qui se passe en moi en ce moment ? »*

Soyez au moins aussi intéressé par ce qui se passe en vous que par ce qui se passe à l'extérieur. Si vous saisissez bien l'intérieur, tout ira bien à l'extérieur. La réalité première est à l'intérieur et la réalité secondaire, à l'extérieur.

Mais ne vous précipitez pas pour répondre à ces questions. Dirigez votre attention vers l'intérieur. Jetez un coup d'œil en vous.

Quel genre de pensées votre mental est-il en train de produire ? Que ressentez-vous ?

Tournez votre attention vers le corps. Y a-t-il des tensions ? Une fois que vous avez déterminé qu'il y a effectivement en vous un certain degré de malaise, ce « parasitage de fond », essayez de trouver de quelle manière vous évitez ou niez la vie, ou y résistez. C'est-à-dire comment vous reniez le présent.

Les gens utilisent bien des façons de résister au moment présent. Je vais vous en donner quelques exemples. La pratique vous permettra d'aiguiser votre capacité à vous observer, à surveiller votre état intérieur.

Où que vous soyez, soyez-y totalement

Êtes-vous stressé ? Êtes-vous si pressé d'arriver au futur que le présent n'est plus qu'une étape ? Le stress est provoqué par le fait que l'on soit « ici » tout en voulant être « là », ou que l'on soit dans le présent tout en voulant être dans le futur. C'est une division qui vous déchire intérieurement.

Le passé retient-il une grande partie de votre attention ? Vous arrive-t-il souvent d'en parler et d'y penser, en bien ou en mal ? S'agit-il des grandes choses que vous avez accomplies, de vos aventures ou de vos expériences ? Ressassez-vous votre passé de victime et les affreuses choses que l'on vous a faites ou que vous avez faites à quelqu'un ?

Vos mécanismes mentaux sont-ils en train d'engendrer de la culpabilité, de l'orgueil, du ressentiment, de la colère, du regret ou de l'apitoiement sur vous-même ? Alors, non seulement vous renforcez un faux sentiment de moi, mais vous accélérez également le processus de vieillissement de votre corps en provoquant une accumulation de passé dans votre psyché. Vérifiez cela vous-même en observant autour de vous ceux qui ont une forte tendance à s'accrocher au passé.

LECTURE MÉDITATIVE

Laissez mourir le passé à chaque instant. *Vous n'en avez pas besoin. N'y faites référence que lorsque c'est absolument de mise pour le présent. Ressentez le pouvoir de cet instant et la plénitude de l'Être.*

Sentez votre présence.

Êtes-vous inquiet ? Avez-vous souvent des pensées anticipatoires ? Dans ce cas, vous vous identifiez à votre mental, qui se projette dans une situation future imaginaire et crée de la peur. Il n'y a aucun moyen de faire face à une telle situation, car celle-ci n'existe pas. C'est un ectoplasme mental.

Vous pouvez mettre fin à cette folie corrosive qui sape votre santé et votre vie : il vous suffit d'appréhender l'instant présent.

Prenez conscience de votre respiration. *Sentez le mouvement de l'air qui entre et sort de vos poumons. Ressentez le champ énergétique en vous. Tout ce que vous aurez jamais à affronter et à envisager dans la vie réelle, c'est cet instant. Alors que vous ne pouvez le faire dans le cas de projections mentales imaginaires.*

Demandez-vous quel « problème » vous avez à l'instant, et non celui que vous aurez l'an prochain, demain ou dans cinq minutes. Qu'est-ce qui ne va pas en ce moment ?

Vous pouvez toujours composer avec le présent, mais vous ne pourrez jamais composer avec le futur. Et vous n'avez pas à le faire. La réponse, la force, l'action ou la ressource justes se présenteront lorsque vous en aurez besoin. Ni avant ni après.

Êtes-vous quelqu'un qui attend généralement ? Quel pourcentage de votre vie passez-vous à attendre ? Ce que j'appelle « l'attente à petite échelle », c'est faire la queue au bureau de poste, être pris dans un bouchon de circulation, ou à l'aéroport. Ou encore anticiper l'arrivée de quelqu'un, la fin d'une journée de travail, etc. « L'attente à grande échelle », c'est espérer les prochaines vacances, un meilleur emploi, le succès, l'argent, le prestige, l'illumination. C'est attendre que les enfants grandissent et qu'une personne vraiment importante arrive dans votre vie. Il n'est pas rare que des gens passent leur vie à attendre pour commencer à vivre.

Attendre est un état d'esprit. En résumé, vous voulez le futur, mais non le présent. Vous ne voulez pas de ce que vous avez et désirez ce que vous n'avez pas. Avec l'attente, peu importe sa forme, vous suscitez inconsciemment un conflit intérieur entre votre ici-maintenant, où vous ne voulez pas être, et le futur projeté que vous convoitez. Cela réduit grandement la qualité de votre vie en vous faisant perdre le présent.

Par exemple, bien des gens attendent que la prospérité vienne. Mais celle-ci ne peut arriver dans le futur. Lorsque vous honorez, reconnaissez et acceptez pleinement votre réalité présent et ce que vous avez – c'est-à-dire le lieu où vous êtes, ce que vous êtes et ce que vous faites dans le moment –, vous éprouvez de la reconnaissance pour ce que vous avez, pour ce qui est, pour le fait d'Être. La gratitude envers le moment présent et la plénitude de la vie présente, voilà ce qu'est la vraie prospérité. Celle-ci ne peut survenir dans le futur. Alors, avec le temps, cette prospérité se manifeste pour vous de diverses façons.

Si vous êtes insatisfait de ce que vous avez, ou même frustré ou en colère face à un manque actuel, cela peut vous motiver à devenir riche. Mais même avec des millions, vous continuerez à éprouver intérieurement un manque et, en profondeur, l'insatisfaction sera toujours là. Vous avez peut-être vécu de nombreuses expériences passionnantes qui peuvent s'acheter, mais elles sont éphémères et vous laissent toujours un sentiment de vide et le besoin d'une plus grande gratification physique ou psychologique. Vous ne vivez donc pas dans l'Être et, par conséquent, ne sentez pas la plénitude de la vie maintenant, qui est la seule véritable prospérité.

EXERCICE

Cessez d'attendre, n'en faites plus un état d'esprit. Lorsque vous vous surprenez à glisser vers cet état d'esprit, secouez-vous. Revenez au moment présent. Contentez-vous d'être et dégustez ce fait d'être. Si vous êtes présent, vous n'avez jamais besoin d'attendre quoi que ce soit. Ainsi donc, la prochaine fois que quelqu'un vous dira : « Désolé de vous faire attendre », vous pourrez répondre : « Ça va. Je n'attendais pas. J'étais tout simplement là, à m'amuser ! »

Voilà seulement quelques-unes des stratégies habituelles qui font partie de l'inconscience ordinaire et que le mental utilise pour nier le moment présent. Elles font tellement partie de la vie normale, du « parasitage de fond » et de l'insatisfaction perpétuelle qu'il est facile de les ignorer. Mais plus on surveille son état mental et émotionnel intérieur, plus il est facile de savoir quand on s'est fait prendre au piège du passé ou du futur. Plus il est facile de se rendre compte qu'on a été inconscient et de sortir du rêve du temps pour revenir au présent.

Mais attention : le moi faux, tourmenté et fondé sur l'identification au mental vit du temps. Il sait que le moment présent signe son arrêt de mort et se sent de ce fait très menacé par lui. Il fera tout ce qu'il pourra pour vous en éloigner. Il essaiera de vous maintenir à tout prix dans le temps.

Dans un certain sens, l'état de présence peut se comparer à l'attente. Il existe une autre sorte d'attente dont la qualité est très différente et qui exige de votre part une vigilance totale. Quelque chose pourrait se manifester à n'importe quel moment, et si vous n'êtes pas totalement éveillé, totalement immobile, vous passerez à côté. Dans cet état, toute votre attention se trouve dans le présent. Il n'en reste rien pour rêvasser, penser, se souvenir et anticiper l'avenir. Il n'y a là aucune tension ni aucune peur : seulement une présence vigilante. Vous êtes présent à tout votre être, à chaque cellule de votre corps.

Dans cet état, le « vous » qui a un passé et un futur, la personnalité si vous voulez, n'est quasiment plus là. Et pourtant, rien de significatif n'est perdu. Vous êtes encore essentiellement vous-même. En fait, vous êtes plus totalement vous-même que vous ne l'avez jamais été, ou plutôt ce n'est que dans le « maintenant » que vous êtes véritablement vous-même.

Le passé ne peut survivre en votre présence

Tout ce que vous avez besoin de savoir au sujet de votre passé inconscient, les défis du présent vous l'apporteront. Si vous commencez à fouiller votre passé, ce sera un trou sans fond, car vous trouverez toujours autre chose. Vous croyez peut-être qu'il vous faut plus de temps pour comprendre le passé ou vous en libérer, donc que le futur finira par vous en délivrer. C'est là une illusion. Seul le présent peut vous amener à cela. Vous ne pouvez vous défaire du temps en y mettant du temps.

Sachez accéder au pouvoir de l'instant présent. C'est la clé. Ce n'est rien d'autre que le pouvoir de votre présence, de votre conscience libérée des formes-pensées.

Alors, faites face au passé à partir du présent. Plus vous accordez d'attention au passé, plus vous lui donnez d'énergie et plus vous êtes susceptible d'en faire un « moi ». Ne vous méprenez pas : il est essentiel d'être attentif, mais pas au passé en tant que tel. Accordez de l'attention au présent : à votre comportement, à vos réactions, à vos humeurs, à vos pensées, à vos émotions, à vos peurs et à vos désirs à mesure qu'ils se présentent dans l'instant présent. C'est cela votre passé. Si vous pouvez être suffisamment présent pour observer toutes ces choses, non pas avec un regard critique ou analytique mais sans les juger, alors vous faites face au passé et le dissipez par le pouvoir de votre présence.

Vous ne pouvez vous trouver en retournant dans le passé, mais c'est possible en revenant dans le présent.

CHAPITRE CINQ

LA BEAUTÉ NAÎT DANS LE CALME DE LA PRÉSENCE

Il faut une certaine présence pour avoir conscience de la beauté, de la majestuosité et du sacré de la nature. Vous est-il jamais arrivé, par une belle nuit, de vous perdre du regard dans l'infini de l'espace et d'être ému par son immobilité absolue et son inconcevable immensité ? Avez-vous déjà vraiment écouté le murmure d'un torrent alpin dans la forêt ? Ou encore, le chant d'un merle en plein été, au crépuscule ?

Pour prendre conscience de telles choses, il faut que le mental se soit tu. Vous devez mettre momentanément de côté votre fardeau de problèmes, votre charge de passé et de futur, ainsi que toutes vos connaissances. Sinon, vous verrez mais sans vraiment voir, vous entendrez mais sans vraiment entendre. Vous devez être totalement présent.

LECTURE MÉDITATIVE

Au-delà de la beauté des formes extérieures, *il y a plus. Il y a quelque chose d'indéfinissable*

*qui n'a pas de nom. Il y a une essence inté-
rieure, profonde et sacrée. Là où il y a de la
beauté, cette essence transparaît d'une façon
ou d'une autre. Elle ne vous est révélée que si
vous êtes présent.*

*Serait-il possible que cette essence indicible
et votre présence soient une seule et même
chose ?*

*Cette essence indescriptible serait-elle là sans
votre présence ? Sondez-la en profondeur et
découvrez la réponse.*

Atteindre la conscience pure

Chaque fois que vous observez le mental, vous
dégagez votre conscience des formes du mental et
celle-ci devient alors ce qu'on appelle l'observateur
ou encore le témoin. Par conséquent, le témoin –
conscience pure au-delà de toute forme – se ren-
force et les élaborations du mental faiblissent. En
agissant de la sorte, vous personnalisez un événement qui a vraiment une portée cosmique : à travers vous, la conscience sort de son rêve
d'identification à la forme et se dissocie d'elle. Ceci
laisse présager un événement, déjà commencé en
partie, mais encore dans un lointain futur du
temps-horloge : LA FIN DU MONDE TEL QU'ON LE
CONNAÎT.

LECTURE MÉDITATIVE

**Pour rester présent dans la vie quoti-
dienne**, *il faut être bien ancré en soi, bien enra-
ciné. Sinon, le mental vous entraînera dans*

son flot comme une rivière en furie, car son mouvement d'entraînement est incroyable.

Je veux dire habiter votre corps totalement. Avoir constamment votre attention en partie fixée sur le champ énergétique de votre corps. Sentir votre corps de l'intérieur, pour ainsi dire. La conscience du corps vous fait rester présent et vous ancre dans le présent.

Le corps visible et tangible ne peut vous amener à l'Être. Ce n'est qu'une enveloppe, ou plutôt une perception limitée et déformée d'une réalité plus profonde. Dans votre état naturel de rapport intime avec l'Être, cette réalité plus profonde est ressentie à chaque instant : c'est le corps subtil et invisible, la présence qui vous anime. Alors, « habiter son corps », c'est sentir le corps de l'intérieur, sentir la vie en vous et, par conséquent, découvrir que vous êtes autre chose au-delà de la forme extérieure.

Tant que votre mental accapare toute votre attention, vous êtes coupé de votre Être. Lorsque c'est le cas – et pour la plupart des gens ça l'est continuellement –, vous n'êtes pas dans votre corps. Le mental absorbe toute votre conscience et la transforme en « balivernes mentales ». Vous ne pouvez cesser de penser.

Pour devenir conscient de l'Être, vous devez vous réapproprier votre conscience, au détriment du mental. C'est l'une des tâches les plus fondamentales de votre voyage spirituel. Ceci démobilisera toute la conscience auparavant mobilisée par la pensée compulsive et inutile. Une façon très efficace de le faire consiste tout simplement à détourner votre attention de la pensée pour la diriger vers le corps, là où vous pouvez d'emblée sentir l'Être sous la forme du champ énergétique invisible qui donne vie à ce que l'on perçoit comme le corps physique.

Comment entrer en contact avec votre corps subtil

Essayez tout de suite, s'il vous plaît. Fermez les yeux : cela pourra peut-être vous aider. Plus tard, quand il vous sera devenu facile et naturel d'être dans le corps, ceci ne sera plus nécessaire.

EXERCICE

Dirigez votre attention sur le corps. *Sentez-le de l'intérieur. Est-il vivant ? Sentez-vous la vitalité dans vos mains, vos bras, vos jambes, vos pieds, votre abdomen, votre poitrine ?*

Sentez-vous le subtil champ énergétique qui infuse tout votre corps et vitalise chaque organe et chaque cellule ? Le sentez-vous simultanément dans toutes les parties du corps comme un seul et unique champ énergétique ?

Maintenez votre attention sur votre corps subtil pendant quelques instants. Ne vous mettez pas à y penser. Sentez-le seulement.

Plus vous y accordez d'attention, plus la sensation se clarifie et s'intensifie. Vous aurez l'impression que chacune de vos cellules se vivifie et, si vous êtes très visuel, il se peut que vous perceviez votre corps sous la forme d'une image lumineuse. Même si une telle image peut temporairement vous aider, accordez davantage d'attention à la sensation qu'à toute image pouvant se présenter. Peu importe sa beauté ou sa force, une image a déjà une forme définie. Elle empêche donc la sensation de s'approfondir.

Habiter pleinement son corps

Faites-en une méditation. Cela n'a pas besoin d'être long. Dix à quinze minutes suffisent. Assurez-vous tout d'abord qu'aucune distraction extérieure – le téléphone – ou des gens, ne viendra vous déranger.

EXERCICE

Installez-vous sur une chaise *sans vous renverser vers l'arrière. Gardez la colonne vertébrale bien droite. Ceci vous aidera à rester alerte. Ou bien alors, adoptez votre position préférée de méditation.*

Assurez-vous que votre corps est détendu. Fermez les yeux et prenez quelques respirations profondes. Sentez-vous respirer dans la partie basse de l'abdomen, pour ainsi dire. Observez les légères expansion et contraction qui se produisent à l'inspiration et à l'expiration.

Puis prenez conscience du champ énergétique du corps tout entier. Ne réfléchissez pas à ce qui se passe ; ressentez-le plutôt. De cette manière, vous ne laissez pas le mental s'approprier votre conscience. Si cela peut vous être utile, servez-vous de la méditation de la lumière dont j'ai parlé déjà.

Quand vous arrivez à clairement sentir le corps subtil comme un seul champ énergétique, laissez aller, si c'est possible, toute image pour vous concentrer exclusivement sur la sensation. Si c'est possible aussi, abandonnez toute image mentale que vous pouvez encore avoir du corps physique. Ce qui reste alors, c'est une sensation de présence ou « d'être » qui englobe tout et l'impression que le corps énergétique n'a pas de frontière.

Puis concentrez votre attention encore plus profondément sur cette sensation. Ne faites plus qu'un avec elle, fusionnez avec votre champ énergétique afin d'éliminer toute dualité perceptuelle observateur-observé entre vous et votre corps. La distinction entre l'intérieur et l'extérieur se dissipe ; dorénavant, il n'y a plus de corps énergétique. En descendant profondément dans le corps, vous l'avez transcendé. Restez dans ce royaume de pur Être aussi longtemps que vous êtes à l'aise. Puis, reprenez conscience de votre corps physique, de votre respiration et de vos sens, et ouvrez les yeux.

Pendant quelques minutes, regardez autour de vous de façon méditative, c'est-à-dire sans étiquetage mental, tout en continuant à sentir votre corps énergétique.

Lorsque vous avez accès à ce royaume dépourvu de formes, vous êtes vraiment libéré du lien avec la forme et de toute identification à celle-ci. Il s'agit de la vie sous son aspect non particularisé, telle qu'elle existe avant sa fragmentation en la multiplicité. On pourrait l'appeler le non-manifeste, la source invisible de toutes choses, l'Être à l'intérieur de tous les êtres. C'est un royaume d'immobilité et de paix profonde, mais aussi de grande joie et d'intense vitalité. Chaque fois que vous faites preuve de présence, vous devenez dans une certaine mesure perméable à la lumière, à la conscience pure qui émane de cette source. Vous prenez également conscience que cette lumière n'est pas dissociée de ce que vous êtes et qu'elle constitue au contraire votre essence même.

Lorsque votre conscience est dirigée vers l'extérieur, le monde et le mental voient le jour. Lorsqu'elle est dirigée vers l'intérieur, elle actualise sa propre source et retourne à sa demeure originelle dans le non-manifeste.

Puis, quand votre conscience revient vers le monde manifeste, vous retrouvez l'identité de la forme que vous avez temporairement délaissée. De nouveau, vous avez un nom, un passé, des conditions de vie, un futur. Mais, essentiellement, vous n'êtes plus la même personne, car vous avez fugitivement eu un aperçu d'une réalité en vous qui n'est pas « de ce monde », bien qu'elle n'en soit pas dissociée, tout comme elle n'est pas dissociée de vous.

Laissez votre pratique spirituelle être la suivante :

EXERCICE

Quand vous vaquez à vos occupations, *n'accordez pas toute votre attention au monde extérieur et à votre mental. Maintenez-en une partie vers l'intérieur. Il a déjà été question de cela précédemment.*

Sentez votre corps subtil même quand vous êtes occupé par vos activités quotidiennes, en particulier dans le cadre de vos relations ou quand vous vous trouvez dans la nature. Sentez

l'immobilité au plus profond de vous. Mainte-
nez cette porte d'accès ouverte.

Il est tout à fait possible d'être conscient du
non-manifeste dans votre vie. Il se présente
comme une sensation profonde de paix à
l'arrière-plan, une tranquillité qui ne vous
quitte jamais, peu importe ce qui se produit
dans le monde extérieur. Vous devenez un pont
entre le non-manifeste et le manifeste, entre
Dieu et le monde.

Ceci est l'état de rapport intime avec la
Source que nous appelons illumination.

Créez en vous de profondes racines

La clé, c'est d'être en contact permanent avec
votre corps subtil, de le sentir en tout temps. Ceci
approfondira et transformera rapidement votre
vie. Plus vous dirigez votre conscience sur le corps
énergétique, plus la fréquence de ses vibrations
s'amplifie, un peu comme augmente l'intensité
lumineuse d'une ampoule quand vous tournez le
rhéostat. À ce niveau vibratoire plus élevé, la négativité ne peut plus vous perturber et vous tendez
naturellement à vous attirer des situations nouvelles qui reflètent cette fréquence vibratoire.

Si vous maintenez le plus possible votre attention sur votre corps énergétique, vous serez ancré
dans le présent et ne vous égarerez ni dans le
monde extérieur ni dans le mental. Les pensées et
les émotions, les peurs et les désirs, seront dans
une certaine mesure encore présents, mais, du
moins, ils ne prendront pas le dessus.

Veuillez s'il vous plaît observer ce vers quoi est dirigée votre attention en ce moment. Vous êtes en train de m'écouter ou de me lire. C'est le point de mire de votre attention. Vous avez aussi une conscience périphérique du lieu où vous vous trouvez, des personnes qui vous entourent, etc. Il se peut en outre qu'une certaine activité mentale se joue autour de ce que vous entendez ou lisez, que votre mental émette des commentaires.

Il n'est cependant pas nécessaire que rien de ceci retienne toute votre attention. Voyez si vous pouvez en même temps être en contact avec votre corps subtil. Maintenez une partie de votre attention vers l'intérieur. Ne la laissez pas se tourner entièrement vers l'extérieur. Sentez votre corps entier de l'intérieur, comme un seul et unique champ énergétique. Comme si vous écoutiez ou lisiez avec tout votre corps. Exercez-vous à cela au cours des jours ou des semaines à venir.

N'accordez pas la totalité de votre attention au mental et au monde extérieur. Concentrez-vous sur ce que vous faites, bien sûr, mais sentez en même temps votre corps énergétique aussi souvent que possible. Restez en contact avec vos racines intérieures. Surveillez ensuite comment ceci modifie l'état de votre conscience et la qualité de ce que vous faites.

S'il vous plaît, n'acceptez pas simplement ce que je vous dis. Faites-en l'essai vous-même.

Comment renforcer le système immunitaire

Il existe une méditation simple mais puissante d'autoguérison que vous pouvez faire à tout moment, quand vous sentez le besoin de renforcer votre système immunitaire. Elle s'avère particulièrement efficace si vous la pratiquez quand vous sentez les premiers symptômes d'une maladie. Mais elle fonctionne également dans le cas de maladies déjà installées si vous vous y adonnez à intervalles réguliers et avec intensité. Elle viendra aussi neutraliser toute perturbation occasionnée à votre champ énergétique par une quelconque forme de négativité. Cela ne remplace cependant pas la pratique, instant après instant, de la présence au corps. Sinon, cette méditation n'aura que des effets temporaires. Voici la méditation ou, si vous voulez, l'exercice :

EXERCICE

Quand vous avez quelques minutes de libre, *particulièrement le soir juste avant de vous endormir et le matin juste après vous être réveillé et avant de vous lever, inondez votre corps de conscience.*

Fermez les yeux. Étendez-vous à plat dos. Choisissez différentes parties de votre corps pour tout d'abord y centrer brièvement votre attention : les mains, les pieds, les bras, les jambes, l'abdomen, la poitrine, la tête, etc. Aussi intensément que vous le pouvez, sentez d'abord l'énergie vitale dans ces parties du corps, en restant environ quinze secondes sur chacune d'elles.

Puis, laissez votre attention parcourir à quelques reprises tout votre corps à la manière d'une vague, des pieds à la tête, et vice-versa. Cela ne prendra qu'une minute environ. Sentez ensuite votre corps énergétique dans sa totalité, comme un champ énergétique unique. Maintenez votre attention sur cette sensation durant quelques minutes.

Pendant toute la durée de l'exercice, soyez intensément présent dans chaque cellule de votre corps.

Ne vous inquiétez pas si le mental réussit de temps en temps à attirer votre attention sur autre chose que le corps et si vous vous perdez un peu dans vos pensées. Dès que vous le remarquez, dirigez de nouveau votre attention sur le corps énergétique.

Utilisation créative du mental

Si vous devez recourir à votre mental pour atteindre un objectif précis, faites-le de concert avec votre corps énergétique. C'est seulement quand vous êtes capable d'être conscient sans penser, que vous pouvez employer votre mental de façon créative. Et la manière la plus simple de se retrouver dans cet état-là, c'est de passer par le corps.

LECTURE MÉDITATIVE

Chaque fois que vous avez besoin *d'une réponse, d'une solution ou d'une idée originale, arrêtez-vous de penser pendant quelques*

67

instants en concentrant votre attention sur votre champ énergétique. Prenez conscience de votre calme intérieur. Lorsque vous reviendrez à la pensée, celle-ci sera fraîche et créative. Dans n'importe quelle activité intellectuelle, prenez l'habitude d'aller et de venir toutes les quelques minutes entre la pensée et l'écoute intérieure, le calme intérieur.

On pourrait dire aussi : ne pensez pas seulement avec votre tête, pensez avec tout votre corps.

Laisser la respiration vous amener dans le corps

Si, à n'importe quel moment, vous éprouvez de la difficulté à entrer en contact avec le corps énergétique, il est habituellement plus facile de vous concentrer en premier lieu sur la respiration. La respiration consciente, qui est une méditation puissante en elle-même, vous remettra graduellement en contact avec le corps.

EXERCICE

Suivez votre respiration en maintenant votre attention sur l'inspiration et l'expiration.

Respirez dans le corps et, à chaque inspiration et expiration, sentez comment votre abdomen se détend et se contracte légèrement.

Si vous avez de la facilité à visualiser, fermez les yeux et imaginez-vous entouré de lumière ou immergé dans une substance lumineuse, dans une mer de conscience.

Puis, respirez cette lumière. Sentez cette substance lumineuse emplir votre corps et le rendre également lumineux. Vous êtes maintenant dans votre corps. Vous avez accédé au pouvoir du moment présent.

DEUXIÈME PARTIE

LES RELATIONS
EN TANT QUE PRATIQUE
SPIRITUELLE

L'amour est un état.
L'amour n'est pas à l'extérieur
mais au plus profond de vous.
Il est en vous et indissociable de vous à tout jamais.
Il ne dépend pas de quelqu'un d'autre,
d'une forme extérieure.

CHAPITRE SIX

DISSIPER LE CORPS DE SOUFFRANCE

La plus grande partie de la souffrance humaine est inutile. On se l'inflige à soi-même aussi long-temps que, à son insu, on laisse le mental prendre le contrôle de sa vie.

La souffrance que vous créez dans le présent est toujours une forme de non-acceptation, de résistance inconsciente à ce qui est.

Sur le plan de la pensée, la résistance est une forme de jugement. Sur le plan émotionnel, c'est une forme de négativité. L'intensité de la souffrance dépend du degré de résistance au moment présent, et celle-ci, en retour, dépend du degré d'identification au mental. Le mental cherche toujours à nier le moment présent et à s'en échapper.

Autrement dit, plus on est identifié à son mental, plus on souffre. On peut également l'énoncer ainsi : PLUS ON EST À MÊME DE RESPECTER ET D'ACCEPTER LE MOMENT PRÉSENT, PLUS ON EST LIBÉRÉ DE LA DOULEUR, DE LA SOUFFRANCE ET DU MENTAL.

D'après certains enseignements spirituels, toute souffrance est en définitive une illusion, et c'est juste. Mais est-ce vrai pour vous ? Le simple fait d'y croire n'en fait pas une vérité. Voulez-vous éprouver de la souffrance pour le reste de votre vie en continuant de prétendre qu'elle est illusoire ? Cela vous libère-t-il de la souffrance ? Ce qui nous préoccupe ici, c'est comment actualiser cette vérité, c'est-à-dire comment en faire une réalité dans sa vie.

*
* *

La douleur et la souffrance sont inévitables tant et aussi longtemps que vous êtes identifié à votre mental, c'est-à-dire inconscient spirituellement parlant. Je fais ici surtout référence à la souffrance émotionnelle, également la principale cause de la souffrance et des maladies corporelles. Le ressentiment, la haine, l'apitoiement sur soi, la culpabilité, la colère, la dépression, la jalousie, ou même la plus petite irritation sont sans exception des formes de souffrance. Et tout plaisir ou toute exaltation émotionnelle comportent en eux le germe de la souffrance, leur inséparable opposé, qui se manifestera à un moment donné.

N'importe qui ayant déjà pris de la drogue pour « décoller » sait très bien que le « planage » se traduit forcément par un « atterrissage », que le plaisir se transforme d'une manière ou d'une autre en souffrance. Beaucoup de gens savent aussi d'expérience avec quelles facilité et rapidité une relation intime peut devenir une source de souffrance après avoir été une source de plaisir. Si on considère ces polarités négative et positive en fonction d'une perspective supérieure, on constate qu'elles sont les deux faces d'une seule et même pièce, qu'elles appartiennent toutes deux à la souffrance sous-jacente à l'état de conscience dit de l'ego, à l'identification au mental, et que cette souffrance est indissociable de cet état.

Il existe deux types de souffrance : celle que vous créez maintenant et la souffrance passée qui continue de vivre en vous, dans votre corps et dans votre esprit. Maintenant, j'aimerais vous expliquer comment cesser d'en créer dans le présent et comment dissoudre celle issue du passé.

Tant que vous êtes incapable d'accéder au pouvoir de l'instant présent, chaque souffrance émotionnelle que vous éprouvez laisse derrière elle un résidu. Celui-ci fusionne avec la douleur du passé, qui était déjà là, et se loge dans votre mental et votre corps. Bien sûr, cette souffrance comprend celle que vous avez éprouvée enfant, causée par l'inconscience du monde dans lequel vous êtes né.

Cette souffrance accumulée est un champ d'énergie négative qui habite votre corps et votre mental. Si vous la considérez comme une entité invisible à part entière, vous n'êtes pas loin de la vérité. Il s'agit du corps de souffrance émotionnel.

Il a deux modes d'être : latent et actif. Un corps de souffrance peut être latent quatre-vingt-dix pour cent du temps. Chez une personne profondément malheureuse, cependant, il peut être actif tout le temps. Certaines personnes vivent presque entièrement dans leur corps de souffrance, tandis que d'autres ne le ressentent que dans certaines situations, par exemple dans les relations intimes ou les situations rappelant une perte ou un abandon survenus dans leur passé, au moment d'une blessure physique ou émotionnelle.

N'importe quoi peut servir de déclencheur, surtout ce qui fait écho à un scénario douloureux de votre passé. Lorsque le corps de souffrance est prêt à sortir de son état latent, une simple pensée ou une remarque innocente d'un proche peuvent l'activer.

Briser l'identification au corps de souffrance

LECTURE MÉDITATIVE

En somme, le corps de souffrance ne désire pas que vous l'observiez directement *parce que ainsi vous le voyez tel qu'il est. En fait, dès que vous ressentez son champ énergétique et que vous lui accordez votre attention, l'identification est rompue. Et une dimension supérieure de la conscience entre en jeu. Je l'appelle la présence. Vous êtes dorénavant le témoin du corps de souffrance. Cela signifie qu'il ne peut plus vous utiliser en se faisant passer pour vous et qu'il ne peut plus se régénérer à travers vous. Vous avez découvert votre propre force intérieure.*

Plusieurs corps de souffrance sont exécrables mais relativement inoffensifs, comme c'est le cas chez un enfant qui ne cesse de se plaindre. D'autres sont des monstres vicieux et destructeurs, de véritables démons. Certains sont physiquement violents, alors que beaucoup d'autres le sont sur le plan émotionnel. Ils peuvent attaquer les membres de leur entourage ou leurs proches, tandis que d'autres préfèrent assaillir leur hôte, c'est-à-dire vous-même. Les pensées et les sentiments que vous entretenez à l'égard de votre vie deviennent alors profondément négatifs et autodestructeurs.

C'est ainsi que les maladies et les accidents sont souvent générés. Certains corps de souffrance mènent leur hôte au suicide.

Si vous pensiez connaître une personne, ce sera tout un choc pour vous que d'être soudainement confronté pour la première fois à cette créature étrangère et méchante. Il est cependant plus important de surveiller le corps de souffrance chez vous que chez quelqu'un d'autre.

LECTURE MÉDITATIVE

Remarquez donc tout signe de morosité, *peu importe la forme qu'elle peut prendre. Ceci peut annoncer le réveil du corps de souffrance, celui-ci pouvant se manifester sous forme d'irritation, d'impatience, d'humeur sombre, d'un désir de blesser, de colère, de fureur, de dépression, d'un besoin de mélodrame dans vos relations, et ainsi de suite. Saisissez-le au vol dès qu'il sort de son état latent.*

Le corps de souffrance veut survivre, tout comme n'importe quelle autre entité qui existe, et ne peut y arriver que s'il vous amène à vous identifier inconsciemment à lui. Il peut alors s'imposer, s'emparer de vous, « devenir vous » et vivre par vous.

Il a besoin de vous pour se « nourrir ». En fait, il puisera à même toute expérience entrant en résonance avec sa propre énergie, dans tout ce qui crée davantage de douleur sous quelque forme que ce soit : la colère, un penchant destructeur, la haine, la peine, un climat de crise émotionnelle, la violence et même la maladie. Ainsi, lorsqu'il vous aura envahi, le corps de souffrance créera dans votre vie une situation qui reflétera sa propre fréquence énergétique, afin de s'en abreuver. La souffrance ne peut soutenir qu'elle-même. Elle ne peut se nourrir de la joie, qu'elle trouve vraiment indigeste.

Lorsque le corps de souffrance s'empare de vous, vous en redemandez. Soit vous êtes la victime, soit le bourreau. Vous voulez infliger de la souffrance ou vous voulez en subir, ou bien les deux. Il n'y a pas grande différence. Vous n'en êtes pas conscient, bien entendu, et vous soutenez avec véhémence que vous ne voulez pas de cette souffrance. Mais si vous regardez attentivement, vous découvrez que votre façon de penser et votre comportement font en sorte d'entretenir la souffrance, la vôtre et celle des autres. Si vous en étiez vraiment conscient, le scénario disparaîtrait de lui-même, car c'est folie pure que de vouloir souffrir davantage et personne ne peut être conscient et fou en même temps.

En fait, le corps de souffrance, qui est l'ombre de l'ego, craint la lumière de votre conscience. Il a peur d'être dévoilé. Sa survie dépend de votre identification inconsciente à celui-ci et de votre peur inconsciente d'affronter la douleur qui vit en vous. Mais si vous ne vous mesurez pas à elle, si vous ne lui accordez pas la lumière de votre conscience, vous serez obligé de la revivre sans arrêt. Le corps de souffrance peut vous sembler un dangereux monstre que vous ne pouvez supporter de regarder, mais je vous assure que c'est un fantôme minable qui ne fait pas le poids face au pouvoir de votre présence.

Lorsque vous commencerez à vous dési-
dentifier et à devenir l'observateur, le corps
de souffrance continuera de fonctionner un
certain temps et tentera de vous amener, par
la ruse, à vous identifier de nouveau à lui.
Même si la non-identification ne l'énergise
plus, il gardera un certain élan, comme la roue
de la bicyclette continue de tourner même si
vous ne pédalez plus. À ce stade, il peut éga-
lement créer des maux et des douleurs physi-
ques dans diverses parties du corps, mais
ceux-ci ne dureront pas.

Restez présent, restez conscient. Soyez en
permanence le vigilant gardien de votre espace
intérieur. Il vous faut être suffisamment pré-
sent pour pouvoir observer directement le corps
de souffrance et sentir son énergie. Ainsi, il ne
peut plus contrôler votre pensée.

Dès que votre pensée se met au diapason du
champ énergétique de votre corps de souffrance,
vous y êtes identifié et vous le nourrissez à nouveau de vos pensées.

Par exemple, si la colère en est la vibration énergétique prédominante et que vous avez des pensées de colère, que vous ruminez ce que quelqu'un
vous a fait ou ce que vous allez lui faire, vous voilà
devenu inconscient et le corps de souffrance est
dorénavant « vous-même ». La colère cache toujours de la souffrance.

Lorsqu'une humeur sombre vous vient et que
vous amorcez un scénario mental négatif en vous
disant combien votre vie est affreuse, votre pensée

s'est mise au diapason de ce corps et vous êtes alors inconscient et ouvert à ses attaques.

Le mot « inconscient », tel que je l'entends ici, veut dire être identifié à un scénario mental ou émotionnel. Il implique une absence complète de l'observateur.

Transformer la souffrance en conscience

L'attention consciente soutenue rompt le lien entre le corps de souffrance et les processus de la pensée. C'est ce qui amène la métamorphose. Comme si la souffrance alimentait la flamme de votre conscience qui, ensuite, brille par conséquent d'une lueur plus vive.

Voilà la signification ésotérique de l'art ancien de l'alchimie : la transmutation du vil métal en or, de la souffrance en conscience. La division intérieure est résorbée et vous redevenez entier. Il vous incombe alors de ne plus créer de souffrance.

EXERCICE

Concentrez votre attention sur le sentiment qui vous habite. Sachez qu'il s'agit du corps de souffrance. Acceptez le fait qu'il soit là. N'y pensez pas. Ne transformez pas le sentiment en pensée. Ne le jugez pas. Ne l'analysez pas. Ne vous identifiez pas à lui. Restez présent et continuez d'être le témoin de ce qui se passe en vous.

Devenez conscient non seulement de la souffrance émotionnelle, mais aussi de « celui qui observe », de l'observateur silencieux. Voici ce qu'est le pouvoir de l'instant présent, le pouvoir de votre propre présence consciente. Ensuite, voyez ce qui se passe.

Identification de l'ego au corps de souffrance

Le processus que je viens de décrire est profondément puissant mais simple. On pourrait l'enseigner à un enfant, et espérons qu'un jour ce sera l'une des premières choses que les enfants apprendront à l'école. Lorsque vous aurez compris le principe fondamental de la présence, en tant qu'observateur, de ce qui se passe en vous – et que vous le « comprendrez » par l'expérience –, vous aurez à votre disposition le plus puissant des outils de transformation.

Ne nions pas le fait que vous rencontrerez peut-être une très grande résistance intérieure intense à vous désidentifier de votre souffrance. Ce sera particulièrement le cas si vous avez vécu étroitement identifié à votre corps de souffrance la plus grande partie de votre vie et que le sens de votre identité personnelle y est totalement ou partiellement investi. Cela signifie que vous avez fait de votre corps de souffrance un moi malheureux et que vous croyez être cette fiction créée par votre mental. Dans ce cas, la peur inconsciente de perdre votre identité entraînera une forte résistance à toute désidentification. Autrement dit, vous préféreriez souffrir, c'est-à-dire être dans le corps de souffrance, plutôt que de faire un saut dans l'inconnu et de risquer de perdre ce moi malheureux mais familier.

Examinez cette résistance. Regardez de près l'attachement à votre souffrance. Soyez très vigilant. Observez le plaisir curieux que vous tirez de votre tourment, la compulsion que vous avez d'en parler ou d'y penser. La résistance cessera si vous la rendez consciente. Vous pourrez alors accorder votre attention au corps de souffrance, rester présent en tant que témoin et ainsi amorcer la transmutation.

Vous seul pouvez le faire. Personne ne peut y arriver à votre place. Mais si vous avez la chance de trouver quelqu'un d'intensément conscient, si vous pouvez vous joindre à cette personne dans l'état de présence, cela pourra accélérer les choses. Ainsi, votre propre lumière s'intensifiera rapidement.

Lorsqu'une bûche qui commence à peine à brûler est placée juste à côté d'une autre qui flambe ardemment et qu'au bout d'un certain temps elles sont séparées, la première chauffera avec beaucoup plus d'ardeur qu'au début. Après tout, il s'agit du même feu. Jouer le rôle du feu, c'est l'une des fonctions d'un maître spirituel. Certains thérapeutes peuvent également remplir cette fonction, pourvu qu'ils aient dépassé le plan mental et qu'ils soient à même de créer et de soutenir un état intense de présence pendant qu'ils s'occupent de vous.

La première chose à ne pas oublier est la suivante : TANT ET AUSSI LONGTEMPS QUE VOUS VOUS CRÉEREZ UNE IDENTITÉ QUELCONQUE À PARTIR DE LA SOUFFRANCE, IL VOUS SERA IMPOSSIBLE DE VOUS EN LIBÉRER. Tant et aussi longtemps que le sens de votre identité sera investi dans la souffrance émotionnelle, vous saboterez inconsciemment toute tentative faite dans le sens de guérir cette souffrance ou y résisterez d'une manière quelconque. Pourquoi ? Tout simplement parce que vous voulez rester intact et que la souffrance est fondamentalement devenue une partie de vous. Il s'agit là d'un processus inconscient, et la seule façon de le dépasser est de le rendre conscient.

LECTURE MÉDITATIVE

__Réaliser soudainement__ que vous êtes ou avez été attaché à votre souffrance peut être la cause d'un grand choc. Mais dès l'instant où cette prise de conscience a lieu, l'attachement est rompu.

Un peu comme une entité, le corps de souffrance est un champ énergétique qui se loge temporairement à l'intérieur de vous. C'est de l'énergie vitale qui est prise au piège et ne circule plus.

Bien entendu, le corps de souffrance existe en raison de certaines choses qui se sont produites dans le passé. C'est le passé qui vit en vous, et si vous vous identifiez au corps de souffrance, vous vous identifiez par la même occasion au passé. L'identité de victime est fondée sur la croyance que le passé est plus puissant que le présent, ce qui est contraire à la vérité. Que les autres et ce qu'ils vous ont fait sont responsables de ce que vous êtes maintenant, de votre souffrance émotionnelle ou de votre incapacité à être vraiment vous-même.

La vérité, c'est que le seul pouvoir qui existe est celui propre à l'instant présent : c'est le pouvoir de votre présence à ce qui est. Une fois que vous savez cela, vous réalisez également que vous-même et personne d'autre êtes maintenant responsable de votre vie intérieure et que le passé ne peut pas l'emporter sur le pouvoir de l'instant présent.

L'inconscience le crée, la conscience le métamorphose. Saint Paul a exprimé ce principe universel de façon magnifique : « On peut tout dévoiler en l'exposant à la lumière, et tout ce qui est ainsi exposé devient lui-même lumière. » Tout comme vous ne pouvez vous battre contre l'obscurité, vous ne pouvez pas non plus vous battre contre le corps de souffrance.

Essayer de le faire créerait un conflit intérieur et, par conséquent, davantage de souffrance. Il suffit de l'observer et cela suppose l'accepter comme une partie de ce qui est en ce moment.

CHAPITRE SEPT

DES RELATIONS DE DÉPENDANCE
AUX RELATIONS ÉCLAIRÉES

Les relations d'amour et de haine

À moins d'avoir atteint la fréquence vibratoire de la présence consciente ou jusqu'à ce que cela soit, toutes les relations, et en particulier les relations intimes, sont profondément faussées et en définitive dysfonctionnelles. Elles peuvent sembler parfaites pendant un certain temps, par exemple quand vous êtes amoureux, mais cette apparente perfection en vient invariablement à s'effriter quand les disputes, les conflits, l'insatisfaction et la violence émotionnelle ou même physique se produisent à un rythme de plus en plus fréquent.

Il semble que la plupart des relations amoureuses deviennent tôt ou tard des relations à la fois d'amour et de haine. Sans la moindre difficulté, l'amour se transforme en sauvage agressivité, en sentiment d'hostilité ou encore en un retrait complet de l'affection l'un envers l'autre. On considère ceci comme normal.

Si, dans vos relations, vous connaissez aussi bien l'amour que son opposé, c'est-à-dire l'hostilité, la violence émotionnelle, etc., il est alors fort probable que vous confondiez amour et attachement de l'ego, amour et dépendance affective. Il est impossible que vous aimiez votre partenaire à un moment et l'agressiez l'instant d'après. L'amour vrai n'a pas d'ennemi. Si votre « amour » en a un, c'est que ce n'est pas de l'amour mais plutôt un grand besoin de l'ego de se sentir plus complètement et plus profondément soi. Et ce besoin est temporairement comblé par l'autre. Pour l'ego, il s'agit d'un succédané de salut, et pendant un certain temps, cela donne presque effectivement l'impression qu'il s'agit de cela.

Mais vient un moment où votre partenaire adopte des comportements qui ne réussissent pas à combler vos besoins, ou du moins ceux de votre ego. Les sentiments de peur, de souffrance et de manque qui font intrinsèquement partie de l'ego, mais qui étaient passés à l'arrière-plan grâce à la relation amoureuse, font de nouveau surface.

Comme avec toutes les autres dépendances, vous êtes au septième ciel quand vous avez de la drogue, mais vient invariablement le moment où celle-ci n'a plus d'effet sur vous. Quand ces émotions souffrantes refont surface, vous les sentez donc avec encore plus d'acuité qu'avant. Qui plus est, vous percevez maintenant votre partenaire comme étant à leur origine. Cela veut dire que vous les projetez à l'extérieur et que vous agressez l'autre avec toute la violence sauvage que votre douleur contient.

Cette agressivité peut éveiller la souffrance de votre partenaire, qui contre-attaquera. Rendu à ce point-là, l'ego espère encore inconsciemment que son agressivité ou ses tentatives à vouloir manipuler constitueront une punition suffisante qui amènera l'autre à changer de comportement. Ceci lui permettra de se servir à nouveau de ces comportements pour occulter votre souffrance.

Toute dépendance naît d'un refus inconscient à faire face à votre propre souffrance et à la vivre. Celle-ci commence et finit dans la souffrance. Quelle que soit la substance à laquelle vous êtes accroché – l'alcool, la nourriture, les drogues légales ou illégales, ou bien une personne –, vous vous servez de quelque chose ou de quelqu'un pour dissimuler votre douleur. C'est pour cette raison qu'après l'euphorie initiale il y a tellement de tourments et de souffrance dans les relations intimes. Mais ces dernières n'en sont pourtant pas la cause. Elles font simplement ressortir la souffrance et le tourment qui se trouvent déjà en vous. Toutes les dépendances agissent ainsi. Toutes les dépendances atteignent un point où elles n'ont plus d'effet sur vous, vous ressentez alors la souffrance plus intensément que jamais.

D'ailleurs, la plupart des gens essaient toujours d'échapper au présent et cherchent le salut dans le futur, quel qu'il soit. La première chose sur laquelle ils pourraient buter s'ils concentraient leur attention sur le moment présent, c'est leur propre souffrance. Et c'est justement ce dont ils ont peur. Si seulement ils savaient combien il est facile de trouver dans le présent le pouvoir qui dissipe le passé et la souffrance, la réalité qui met un terme à l'illusion. Si seulement ils savaient à quel point ils sont près de leur propre réalité, de Dieu.

La réponse n'est pas non plus d'éviter les relations afin d'éviter la souffrance. Celle-ci est là de toute façon. Trois relations qui n'ont pas fonctionné en autant d'années vous amèneront fort probablement plus à vous réveiller que trois années sur une île déserte ou reclus dans votre chambre. Par contre, si vous réussissiez à être intensément présent à votre solitude, cette solution fonctionnerait peut-être pour vous.

Des relations de dépendance aux relations éclairées

LECTURE MÉDITATIVE

Que vous viviez seul ou avec un partenaire, ceci reste la clé : pour que l'amour puisse fleurir, la lumière de votre présence doit être suffisamment forte pour que vous ne vous laissiez plus contrôler par le penseur ou le corps de souffrance et que vous n'assimiliez plus ceux-ci à ce que vous êtes.

Vous connaître comme étant l'Être derrière le penseur, le calme derrière le parasitage du mental, l'amour et la joie derrière la souffrance, c'est cela la liberté, le salut, l'illumination.

Se désidentifier du corps de souffrance, c'est devenir présent à la souffrance et ainsi la transformer. Se dissocier de la compulsion à réfléchir, c'est être le témoin silencieux des pensées et des comportements, en particulier des scénarios mentaux qui se répètent et des rôles joués par l'ego.

90

Si vous cessez d'insuffler une existence au mental, celui-ci perd son aspect compulsif, qui est fondamentalement l'obligation de juger et, par conséquent, à résister à ce qui est. Ceci crée conflits, mélodrames et nouveaux chagrins. En fait, dès l'instant où le jugement cesse par l'acceptation de ce qui est, vous êtes libéré du mental. Vous avez fait de la place pour accueillir l'amour, la joie, la paix.

LECTURE MÉDITATIVE

En premier lieu, *vous cessez de vous juger vous-même, et vous arrêtez ensuite de juger votre partenaire. Le plus grand déclencheur de changement dans une relation, c'est l'acceptation totale de votre partenaire tel qu'il est, sans aucun besoin de le juger ou de le changer de façon quelconque.*

Cette acceptation vous transporte immédiatement au-delà de l'ego. Tous les jeux du mental et les dépendances profondes sont alors révolus. Il n'y a plus ni tyran ni victime, ni accusateur ni accusé.

Ceci met aussi un terme à toutes les dépendances et au fait que vous êtes attiré par les scénarios inconscients d'une autre personne et que vous leur permettez ainsi de se perpétuer. Soit vous vous séparez dans l'amour, soit vous plongez encore plus profondément dans le présent ensemble, dans l'Être. Cela peut-il être aussi simple que ça ? Oui, ça l'est.

L'amour est un état. L'amour n'est pas à l'extérieur, mais au plus profond de vous. Il est en vous et indissociable de vous à tout jamais. Il ne dépend pas de quelqu'un d'autre, d'une forme extérieure.

LECTURE MÉDITATIVE

L'immobilité de la présence intérieure vous permet de sentir votre propre réalité intemporelle et sans forme, c'est-à-dire la vie non manifeste qui anime votre forme matérielle. Elle vous permet aussi de sentir cette même vie au plus profond de chaque autre être humain et de toute autre créature. Vous voyez dorénavant au-delà du voile de la forme et de la division. Ceci est la réalisation de l'unicité. CECI EST L'AMOUR.

Bien que de brèves incursions de l'amour soient possibles, celui-ci ne peut fleurir à moins que vous ne soyez définitivement libéré de l'identification au mental et que vous soyez intensément et suffisamment présent pour avoir pu dissiper le corps de souffrance. Ou encore à moins que vous puissiez rester présent en tant qu'observateur. Ainsi le corps de souffrance ne peut plus prendre possession de vous et détruire l'amour.

Les relations en tant que pratique spirituelle

Comme les humains sont devenus de plus en plus identifiés à leur mental, la plupart des relations ne sont pas ancrées dans l'Être et se transforment donc en source de souffrance du fait qu'elles sont régentées par les problèmes et les conflits.

Si les relations attisent et amplifient les schèmes mentaux et activent le corps de souffrance, comme c'est le cas présentement, pourquoi ne pas accepter cet état de fait au lieu d'essayer d'y échapper ? Pourquoi ne pas coopérer au lieu d'éviter les relations ou de continuer à poursuivre le fantôme du partenaire idéal qui doit prétendument solutionner tous vos problèmes ou vous combler ?

Reconnaître et accepter les faits amène aussi un certain degré de libération par rapport à eux.

Par exemple, quand vous reconnaissez qu'il y a un manque d'harmonie et que vous vous appropriez cette prise de conscience, un nouveau facteur entre en jeu grâce à celle-ci, et le manque d'harmonie ne peut rester tel que.

LECTURE MÉDITATIVE

Quand vous reconnaissez que vous n'êtes pas en *paix avec vous-même*, *cette reconnaissance crée une atmosphère de calme qui accueille le désaccord dans un mouvement tendre et aimant et le convertit par la suite en paix. En ce qui concerne la transformation intérieure, vous ne pouvez rien faire. Vous ne pouvez pas vous transformer vous-même à volonté, pas plus que vous ne pouvez changer votre partenaire ou quelqu'un d'autre. Tout ce que vous pouvez faire, c'est ménager un espace au sein duquel la métamorphose peut se produire, afin que la grâce et l'amour puissent venir.*

Alors, chaque fois que la relation entre vous et votre partenaire ne fonctionne pas, qu'elle suscite en vous deux la « folie », réjouissez-vous, car ce qui était inconscient vient d'être amené à la lumière. C'est là une occasion d'accéder au salut.

LECTURE MÉDITATIVE

À chaque instant, appropriez-vous la reconnaissance de ce moment, *en particulier celle de votre état intérieur. S'il y a de la colère, reconnaissez-la. S'il y a en vous de la jalousie, une attitude défensive, une pulsion à vouloir vous disputer, un besoin d'avoir raison, si votre enfant intérieur exige amour et attention, ou bien si vous ressentez une quelconque souffrance émotionnelle, peu importe ce que c'est, reconnaissez la réalité de ce moment et appropriez-vous-la.*

La relation devient alors votre *sadhana*, votre pratique spirituelle. Si vous identifiez chez votre partenaire un comportement inconscient, sachez vous approprier cette prise de conscience dans une attitude d'amour afin de ne pas réagir.

L'inconscience et la reconnaissance de ce qui est ne peuvent pas cohabiter longtemps, même si la reconnaissance se produit chez l'autre et non pas chez la personne qui agit par inconscience. Pour la forme d'énergie qui sous-tend l'hostilité et l'agressivité, la présence de l'amour est absolument intolérable. Si vous réagissez d'une façon quelconque aux attitudes inconscientes de votre partenaire, vous devenez vous-même inconscient. Mais si vous vous souvenez de reconnaître votre réaction, alors rien n'est perdu.

Jamais auparavant les relations n'ont été aussi problématiques et conflictuelles qu'elles le sont actuellement. Comme vous avez peut-être pu le remarquer, elles ne sont pas là pour vous rendre heureux ni pour vous combler. Si vous continuez à utiliser les relations pour trouver le salut, vous serez constamment déçu. Par contre, si vous acceptez qu'elles existent pour vous rendre conscient et non pas heureux, elles vous amèneront effectivement le salut et vous serez alors en harmonie avec la conscience supérieure désireuse de voir le jour dans ce monde.

Pour ceux qui s'accrochent aux vieux scénarios, il y aura une intensification de la souffrance, de la violence, de la confusion et de la folie.

Combien de personnes vous faut-il pour faire de votre vie une pratique spirituelle ? Peu importe que votre partenaire coopère ou pas. La conscience et la santé mentale ne peuvent advenir dans ce monde que par vous. Pas besoin d'attendre que le monde soit sensé ou que quelqu'un d'autre devienne conscient pour vous réaliser. Vous pourriez attendre indéfiniment.

Ne vous accusez pas réciproquement d'être inconscients. Dès l'instant où vous commencez à vous disputer, c'est que vous venez de vous identifier à une position du mental et que vous défendez non seulement cette position mais également le sens de votre identité. C'est l'ego qui prend les choses en main, et vous tombez alors dans l'inconscience. Il est parfois approprié de faire remarquer à votre partenaire certains aspects de son comportement. Si vous restez très vigilant, très présent, vous pouvez y arriver sans faire entrer en jeu l'ego, sans proférer de reproches, sans accuser l'autre ou lui donner tort.

Lorsque votre partenaire se comporte avec inconscience, renoncez à tout jugement. Car, d'un côté, le jugement amène à associer le comportement inconscient d'une personne avec ce qu'elle est en réalité ou, de l'autre, à projeter votre propre inconscience sur l'autre personne et à prendre cette projection pour ce que cette personne est en réalité.

Renoncer au jugement ne signifie pas que vous ne sachiez pas reconnaître une dysfonction ou l'inconscience quand vous les voyez. Cela veut dire que vous êtes « celui ou celle qui reconnaît » au lieu d'être « celui ou celle qui réagit » et qui juge. Vous serez alors totalement libéré de la réaction ou vous réagirez en reconnaissant que vous le faites, créant ainsi un espace où vous observerez la réaction et lui permettre d'être. Au lieu de vous battre contre l'obscurité, vous faites la lumière. Au lieu de réagir face à l'illusion, vous la voyez et, en même temps, vous voyez à travers elle.

Quand vous êtes celui ou celle qui reconnaît, vous ménagez un espace d'ouverture et de présence aimante qui permet à toute chose et à toute personne d'être telles qu'elles sont. Il n'existe aucun catalyseur aussi puissant que celui-ci pour aller vers la transformation. Si vous vous entraînez à agir ainsi, votre partenaire ne pourra pas rester avec vous tout en restant dans l'inconscience.

Tant mieux si vous tombez tous les deux d'accord pour faire de votre relation une pratique spirituelle. Cela vous permettra l'un l'autre d'exprimer vos pensées, vos sentiments et vos réactions aussitôt qu'ils se présentent. De la sorte, vous ne créerez pas le décalage temporel qui amène une émotion ou une doléance non exprimée ou non reconnue à s'envenimer et à grandir.

EXERCICE

Apprenez à dire ce que vous ressentez sans faire de reproches. Sachez écouter votre partenaire de façon ouverte et non défensive. Laissez-lui l'occasion de s'exprimer. Soyez présent. Accuser, attaquer, se défendre, tous ces scénarios destinés à protéger et à renforcer l'ego ou à combler ses besoins deviendront alors désuets. Il est vital de faire de la place aux autres et à soi-même. L'amour ne peut s'épanouir sans cela.

Une fois que vous aurez éliminé les deux facteurs de destruction d'une relation, c'est-à-dire que le corps de souffrance sera métamorphosé et que vous ne serez plus identifié à votre mental et à ses positions, et que votre partenaire aura fait de même, vous connaîtrez tous deux l'extase que représente l'épanouissement d'une relation. Au lieu de vous refléter l'un l'autre votre souffrance et votre inconscience, au lieu de satisfaire les besoins mutuels de vos egos dépendants, vous vous refléterez l'un l'autre l'amour que vous sentez au plus profond de vous, celui qui advient avec la réalisation que vous ne faites qu'un avec le Grand Tout.

ET CECI EST L'AMOUR QUI N'A PAS D'OPPOSÉ.

Si votre partenaire est encore identifié au mental et au corps de souffrance alors que vous en êtes déjà libéré, ceci représentera un défi de taille. Non pas pour vous, mais pour votre partenaire. Il n'est pas facile de vivre avec une personne illuminée, ou plutôt, c'est si facile que l'ego trouve cela extrêmement menaçant.

N'oubliez pas que l'ego a besoin de problèmes, de conflits et d'ennemis pour renforcer le sentiment de division dont dépend son identité. Le mental du partenaire qui ne s'est pas réalisé sera profondément frustré parce que plus rien ne s'opposera à ses positions fixes, ce qui voudra dire que celles-ci deviendront « chambranlantes » et affaiblies. Elles courent même le risque de « s'effondrer » complètement, ceci se traduisant par la perte du sens de soi.

Le corps de souffrance exige une réaction et ne l'obtient pas. Son besoin de disputes, de mélodrames et de conflits n'est pas satisfait.

Renoncez à la relation que vous entretenez avec vous-même

Illuminé ou pas, vous êtes soit un homme, soit une femme. Donc, sur le plan de l'identité par la forme, vous n'êtes pas complet. Vous êtes la moitié d'un tout. Cette incomplétude se fait sentir sous la forme de l'attirance homme-femme, l'attirance vers la polarité énergétique opposée, peu importe le niveau de conscience. Mais quand vous êtes en état d'harmonie intérieure, vous ressentez que cette fascination se produit plutôt à la périphérie de votre vie et non dans le centre.

D'ailleurs, quand vous êtes dans cet état de conscience réalisée, tout ce qui vous arrive se ressent à la périphérie. Le monde entier ne semble plus qu'ondulations ou vagues à la surface d'un vaste et profond océan. Vous êtes cet océan, mais vous êtes aussi une vague qui a réalisé sa véritable identité comme étant celle de l'océan. Et comparativement à l'immensité et à cette profondeur, le monde des ondulations et des vagues n'est pas si important que ça.

Ceci ne veut pas dire que vous n'entrez pas profondément en relation avec les autres ou avec votre partenaire. En fait, vous ne pouvez y arriver que si vous êtes conscient de l'Être. Comme vous « fonctionnez » à partir de l'Être, vous pouvez voir au-delà du voile qu'est la forme. Chez l'Être, masculin et féminin ne font plus qu'un. Il se peut que la forme ait certains besoins, mais l'Être, lui, n'en a point. Il est en soi complet et entier. Si les besoins de la forme sont comblés, tant mieux. Mais qu'ils le soient ou pas, cela ne fait aucune différence pour votre état intérieur profond.

Il est donc parfaitement possible chez une personne réalisée, si le besoin de contacter la polarité féminine ou masculine n'est pas comblé, de sentir un manque ou une incomplétude à la périphérie de son être et d'être en même temps totalement complète, comblée et intérieurement en paix.

Si vous ne réussissez pas à vous sentir bien avec vous-même quand vous êtes seul, vous chercherez à établir une relation avec une autre personne pour masquer le malaise. Mais vous pouvez être sûr que le malaise refera surface sous une forme ou une autre dans la relation et que vous en rendrez probablement votre partenaire responsable.

Tout ce dont vous avez vraiment besoin, *c'est d'accepter totalement l'instant présent. Vous êtes alors bien dans l'ici-maintenant et avec vous-même.*

Mais avez-vous absolument besoin d'être en relation avec vous-même ? Pourquoi ne pouvez-vous être simplement vous-même ? Quand vous êtes en relation avec vous-même, vous êtes divisé : d'un côté, il y a le « je » et de l'autre, le « moi-même », soit le sujet et l'objet. Cette dualité créée de toute pièce par le mental est la cause de toute complexité superflue, de tous les problèmes et conflits qui surgissent dans votre vie. Quand vous êtes réalisé, vous êtes vous-même. Autrement dit, le « vous » et le « vous-même » ne font plus qu'un. Vous ne vous jugez pas, vous ne vous prenez pas en pitié, vous n'êtes pas fier de vous, vous ne vous aimez pas, vous ne vous détestez pas, etc. La division causée par la conscience qui revient sur elle-même est résorbée, et sa malédiction, éliminée. Il n'y a plus de « moi » à protéger, à défendre ou à sustenter. Quand vous êtes réalisé, vous n'entretenez plus cette relation avec vous-même. Une fois que vous y avez renoncé, toutes les autres relations deviennent des relations d'amour.

TROISIÈME PARTIE

ACCEPTATION ET LÂCHER-PRISE

*Lorsque vous lâchez prise face à ce qui est
et que vous devenez donc totalement présent,
le passé perd tout pouvoir.
Le royaume de l'Être,
qui était masqué par le mental se révèle.
Tout d'un coup, un grand calme naît en vous,
une insondable sensation de paix.
Et au cœur de cette paix, il y a une grande joie.
Et au cœur de cette joie, il y a l'amour.
Et au cœur de tout cela,
il y a le sacré, l'incommensurable.
Ce à quoi on ne peut attribuer de nom.*

CHAPITRE HUIT

ACCEPTATION DE L'INSTANT PRÉSENT

Les cycles de la vie et l'impermanence des choses

Il y a les cycles de succès au cours desquels tout semble vous sourire et bien aller, et les cycles de l'échec quand tout ce que vous avez entrepris s'étiole et se désintègre et que vous devez tout laisser aller afin de faire place à la nouveauté ou à la transformation.

Si vous vous accrochez et résistez à ce moment-là, cela veut dire que vous refusez de suivre le courant de la vie, et vous en souffrirez.

L'involution est nécessaire pour qu'une nouvelle croissance puisse se produire. L'une ne peut exister sans l'autre.

Le cycle de l'involution est absolument essentiel à la réalisation spirituelle. Vous devez avoir connu un grand échec sur un certain plan, une grande perte ou une profonde souffrance pour que la dimension spirituelle vous interpelle. Ou peut-être est-ce le succès lui-même qui a perdu son sens, devenant ainsi un échec ?

Derrière tout succès, il y a l'échec et derrière tout échec, le succès. Dans ce monde-ci, c'est-à-dire sur le plan de la forme, tout le monde « échoue » tôt ou tard bien entendu et tout accomplissement revient éventuellement au rien. Aucune forme n'est permanente.

Dans un état de conscience réalisée, vous êtes toujours actif et prenez plaisir à créer de nouvelles formes et circonstances, mais vous n'êtes pas identifié à elles. Telle est la différence. Vous n'avez pas besoin d'elles pour trouver le sens de votre moi. Elles ne constituent pas votre vie, seulement vos conditions de vie.

Un cycle peut durer de quelques heures à plusieurs années. Et dans les cycles longs, des cycles plus courts s'intercalent. De nombreuses maladies proviennent de la résistance aux cycles où l'énergie est basse, cycles pourtant essentiels à la régénération. La compulsion à passer à l'action et la tendance à vouloir tirer le sens de votre valeur personnelle et de votre identité de facteurs externes comme l'accomplissement constituent une illusion inévitable aussi longtemps que vous restez identifié au mental.

Et c'est précisément cette identification qui rend l'acceptation des cycles bas difficile. Sans parler de les laisser être. Par conséquent, et comme mesure d'autoprotection, l'intelligence innée de l'organisme prendra les choses en main et créera une maladie pour vous obliger à vous arrêter, afin que la régénération nécessaire à l'organisme puisse s'opérer.

Aussi longtemps que vous qualifiez mentalement une situation de bonne, qu'il s'agisse d'une relation, d'une possession, d'un rôle social, d'un lieu ou de votre corps physique, votre mental s'y attache et s'identifie à elle. Cette situation vous rend heureux, vous fait vous sentir bien face à vous-même et peut même devenir en partie ce que vous êtes ou pensez être.

Mais rien ne dure dans cette dimension où les mites et la rouille détruisent. Soit les choses se terminent, soit elles changent. Ou bien encore elles subissent une inversion de polarité : la situation qui était positive hier ou l'an passé est soudainement ou graduellement devenue négative. La même situation qui vous comblait alors de bonheur, vous rend maintenant malheureux. La prospérité d'aujourd'hui devient la course à la consommation vide de demain. Les heureuses célébrations nuptiale et lune de miel cèdent la place aux tourments du divorce ou de la coexistence malheureuse.

Ou bien alors une situation donnée prend fin et c'est son absence qui vous rend triste. Quand une circonstance ou une situation à laquelle l'esprit s'est attaché et identifié se modifie ou prend fin, l'esprit ne peut pas l'accepter. Il voudra s'y accrocher et résistera au changement, comme si on lui arrachait un bras ou une jambe.

Ceci veut donc dire que le bonheur et le malheur ne font qu'un. Seule l'illusion du temps les sépare.

LECTURE MÉDITATIVE

Quand on n'offre aucune résistance à la vie, *on se retrouve dans un état de grâce et de bien-être. Et cet état ne dépend plus des circonstances, bonnes ou mauvaises.*

Cela peut sembler presque paradoxal. Pourtant, lorsque vous êtes intérieurement libéré de votre dépendance à la forme, les conditions générales de votre vie, c'est-à-dire les formes extérieures, tendent à s'améliorer grandement. Les choses, les gens ou les circonstances dont vous pensiez avoir besoin pour être heureux vous arrivent sans que vous jouiez des coudes ou ayez à fournir d'efforts. Et aussi longtemps qu'ils sont là, vous êtes libre de les goûter et de les apprécier.

Tout cela prendra fin bien sûr, les cycles viendront et iront, mais la peur de perdre ne sera plus là puisque la dépendance aura disparu. Et la vie se met alors à couler facilement.

Le bonheur qui provient d'une source secondaire quelconque n'est jamais bien profond. Ce n'est qu'un pâle reflet de la joie de l'Être, de l'intense paix que vous trouvez en vous quand vous ne résistez plus. L'Être vous transporte au-delà des contraires polarisés du mental et vous libère de votre dépendance aux formes. Même si tout venait à s'écrouler et à être réduit en miettes autour de vous, vous sentiriez toujours ce profond noyau de paix intérieure. Vous ne seriez peut-être pas heureux, mais en paix.

Comment utiliser la négativité et y renoncer

Toute résistance intérieure se vit comme de la négativité, sous une forme ou une autre. Toute négativité est résistance. Dans ce contexte, les deux termes sont presque synonymes.

La négativité va de l'irritation ou de l'impatience à la colère féroce, d'une humeur dépressive ou d'un sombre ressentiment au désespoir suicidaire. Parfois, la résistance déclenche le corps de souffrance et, dans ce cas-là, celui-ci peut générer une puissante négativité comme la colère, la dépression ou un profond chagrin, même si le catalyseur est infime.

L'ego croit qu'il peut manipuler la réalité par la négativité et obtenir ainsi ce qu'il veut. Il croit que par ce biais, il peut créer une situation avantageuse ou dissiper une situation désavantageuse.

Si « vous » – le mental – ne croyiez pas que le malheur fonctionne, pourquoi alors le créeriez-vous ? Bien entendu, la négativité ne fonctionne pas. Au lieu de créer une situation favorable, elle l'empêche au contraire de se manifester. Au lieu de dissiper une situation défavorable, elle la maintient. Sa seule fonction « utile » est de renforcer l'ego, et c'est pour cette raison que l'ego l'aime tant.

Une fois que vous vous êtes identifié à une forme quelconque de négativité, vous ne voulez pas vous en départir et, à un niveau inconscient profond, vous ne désirez aucun changement positif, puisque cela menacerait votre identité de personne déprimée, en colère ou traitée injustement. Par conséquent, vous ignorerez, nierez ou saboterez ce qui est positif dans votre vie. C'est là un phénomène très commun. Et aussi dément.

Observez n'importe quelle plante ou n'importe quel animal et laissez-lui vous enseigner ce qu'est l'acceptation, l'ouverture totale au présent, l'Être. Laissez-lui vous enseigner l'intégrité, c'est-à-dire comment ne faire qu'un, être vous-même, être vrai. Comment vivre, mourir et ne pas faire de la vie et de la mort un problème.

Les émotions négatives contiennent parfois un message, comme les maladies. Mais les changements que vous effectuerez, qu'ils soient reliés à votre travail, à vos relations ou à votre milieu de vie, ne sont en fin de compte « qu'esthétiques », à moins d'être le fruit d'une modification de niveau de conscience. Et ceci ne peut vouloir dire qu'une seule chose : devenir plus présent. Quand vous avez atteint un certain degré de présence, la négativité n'est plus nécessaire pour savoir ce dont vous avez besoin dans votre vie.

Mais aussi longtemps qu'elle est là, servez-vous-en. Utilisez-la comme une sorte de signal qui vous rappelle d'être plus présent.

LECTURE MÉDITATIVE

Chaque fois que vous remarquerez que la négativité se manifeste en vous, sous une forme ou une autre, ne la voyez pas comme un échec dans votre démarche mais plutôt comme un précieux signal qui vous dit : « Réveille-toi ! Sors de ta tête ! Sois présent ! »

En fait, la moindre irritation est significative et doit être reconnue et approfondie.

Sinon, il y aura une accumulation de réactions passées sous silence.

Il se peut que vous puissiez laisser tomber la négativité une fois que vous aurez réalisé que vous ne voulez pas de ce champ énergétique en vous et qu'il ne sert à rien. Dans ce cas, assurez-vous de mettre cette négativité définitivement de côté. Si vous n'y réussissez pas, acceptez simplement qu'elle soit là et centrez-vous sur la sensation.

EXERCICE

L'autre solution, si vous n'arrivez pas à éliminer une réaction négative, *c'est de la faire disparaître en vous imaginant devenir « perméable » à la cause externe de la réaction.*
Je vous recommande de vous y exercer tout d'abord avec de petites choses banales.

Disons, par exemple, que vous êtes tranquillement assis chez vous. Tout d'un coup, le son strident du système antivol d'une voiture vous parvient de l'autre côté de la rue. L'irritation monte en vous. Quelle est la raison d'être de cette irritation ? Il n'y en a absolument aucune. Pourquoi l'avez-vous créée ? Ce n'est pas vous qui l'avez créée, mais le mental. Cela s'est fait automatiquement, de façon totalement inconsciente.

Pourquoi le mental a-t-il engendré cette irritation ? Parce qu'il porte la croyance inconsciente que la résistance qu'il installe et que vous expérimentez sous la forme de négativité ou de tourment viendra d'une manière ou d'une autre dissiper la situation non désirée. Bien entendu, ceci est une illusion. La résistance que le mental crée, de l'irritation ou de la colère dans ce cas, est beaucoup plus dérangeante que la cause originale qu'il essaie de faire disparaître.

Utilisez ce genre de situation pour en faire une pratique spirituelle.

EXERCICE

Sentez que vous devenez transparent, *pour ainsi dire, comme si vous étiez dénué de la solidité de la matière corporelle. Permettez ensuite au bruit, ou à tout ce qui cause une réaction négative, de passer à travers vous. Ce bruit ne heurte plus de mur « solide » en vous.*

Comme je l'ai spécifié, entraînez-vous d'abord avec de petites choses. L'alarme de la voiture, le chien qui aboie, les enfants qui hurlent, les bouchons de circulation. Au lieu de maintenir en vous un mur de résistance sur lequel viennent constamment et douloureusement se heurter les choses « qui ne devraient pas se produire », laissez tout cela passer à travers vous.

Quelqu'un vous dit quelque chose de grossier ou destiné à vous blesser ? Laissez ses paroles passer à travers vous au lieu de vous mettre en mode réactif négatif et inconscient. Agressivité, défensive ou retenue, laissez aller tout cela. N'offrez aucune résistance à ce qui est proféré, comme s'il n'y avait plus personne à blesser. LE PARDON, C'EST ÇA. DE CETTE FAÇON, VOUS DEVENEZ INVULNÉRABLE.

Cela ne vous empêche pas de rappeler à la personne que son comportement est inacceptable, si c'est ce que vous choisissez de faire. Chose certaine, elle n'aura plus le pouvoir de contrôler votre état intérieur. Vous êtes alors sous votre pouvoir, pas sous celui de quelqu'un d'autre, et votre mental ne mène plus le bal. Qu'il s'agisse du système d'alarme d'une voiture, d'une personne grossière, d'une inondation, d'un tremblement de terre ou de la perte de toutes vos possessions, le mécanisme de la résistance est toujours le même.

Vous êtes encore en train de chercher à l'extérieur et vous ne réussissez pas à vous extirper du mode « recherche ». Peut-être le prochain atelier vous donnera-t-il la réponse, ou bien cette nouvelle technique !

LECTURE MÉDITATIVE

Ne pas chercher la paix. *Ne cherchez pas à trouver un quelconque autre état que celui dans lequel vous êtes dans l'instant présent. Sinon, vous instaurerez un conflit intérieur et une résistance inconsciente.*

Pardonnez-vous de ne pas être en paix. Dès l'instant où vous acceptez totalement l'absence de paix, celle-ci se métamorphose en paix. Tout ce que vous acceptez totalement vous conduit à la paix. C'est le miracle du lâcher-prise.

Quand vous acceptez ce qui est, chaque quartier de viande, chaque moment est le meilleur qui soit. C'EST CELA L'ILLUMINATION.

La nature de la compassion

*Après avoir dépassé le système des oppo-
sés créé par le mental, vous êtes semblable
à un lac profond. Les circonstances extérieures et tout ce qui peut se passer dans votre vie
sont comme la surface du lac. Parfois calme,
parfois ventée et agitée, selon les cycles et les
saisons. En profondeur, cependant, l'eau du
lac reste impassible. Vous êtes le lac tout
entier et non seulement la surface. Vous
demeurez en contact avec votre propre profondeur, qui est absolument paisible en tout
temps.*

Vous ne résistez pas au changement puisque
vous ne vous accrochez pas à quelque situation
que ce soit. Votre paix intérieure ne dépend
d'aucune condition. Vous évoluez sur le plan de
l'Être – immuable, intemporel, immortel – et
vous ne dépendez plus du monde extérieur des
formes en perpétuelle fluctuation pour vous sentir comblé ou heureux. Vous pouvez certes les
apprécier, jouer avec elles, en créer de nouvelles
et goûter la beauté de tout cela. Mais vous
n'aurez pas besoin de vous attacher à quoi que
ce soit.

Aussi longtemps que vous n'êtes pas conscient
de l'Être, la réalité des autres humains vous
échappe puisque vous n'avez pas encore trouvé
la vôtre. Leur forme plaira ou déplaira à votre
mental, non seulement sur le plan du corps mais
aussi sur celui de l'esprit. Les véritables relations

deviennent possibles seulement lorsqu'il y a conscience de l'Être.

En somme, quand vous existez à partir de l'Être, vous percevez le corps et l'esprit d'une autre personne comme un écran, pour ainsi dire, derrière lequel vous pouvez sentir sa véritable réalité, tout comme vous sentez la vôtre. Donc, quand vous êtes confronté à la souffrance ou au comportement inconscient d'une autre personne, vous restez présent et en contact avec l'Être, et êtes ainsi en mesure de voir au-delà de la forme et d'apercevoir cette pure étincelle chez l'autre à travers votre Être.

À ce niveau, toute souffrance se conçoit comme une illusion. La souffrance est le fruit de l'identification à la forme. Des guérisons miraculeuses se produisent parfois chez les autres, s'ils sont prêts, lorsqu'un être réalisé vient éveiller leur conscience.

La compassion, c'est la conscience que vous avez un lien profond qui vous unit à toutes les créatures. La prochaine fois que vous affirmerez ne rien avoir en commun avec telle ou telle personne, rappelez-vous que vous avez au contraire beaucoup en commun avec elle : d'ici à quelques années – deux ans ou soixante-dix ans, peu importe –, vous serez tous les deux des cadavres en décomposition, puis simplement un amas de poussière et, à la fin, plus rien du tout. Cette prise de conscience vous fait humblement redescendre sur terre et ne laisse pas grand place à l'orgueil.

Est-ce pour autant une pensée négative ? Non, c'est un fait. Pourquoi fermer les yeux dessus ?

Dans ce sens-là, vous et toutes les autres créatures êtes sur un pied d'égalité totale.

Un des plus puissants exercices spirituels consiste à méditer profondément sur la mortalité des formes matérielles, la vôtre y compris. Cela s'appelle « mourir avant de mourir ».

Absorbez-vous profondément dans cette méditation. Votre forme matérielle se dissipe, n'existe plus. Puis arrive le moment où toutes les formes-pensées s'éteignent également. Pourtant, vous êtes encore là, en tant que cette divine présence, radieuse et totalement éveillée.

Ce qui a toujours été réel reste, et seuls les noms, les formes et les illusions meurent.

À ce niveau profond, la compassion devient une forme de guérison dans le sens le plus large. Dans un état de compassion, votre influence guérissante s'exerce surtout sur l'être, non sur le faire. Chacune des personnes avec qui vous entrerez en contact sera touchée par votre présence et par la paix qui émanera de vous, que vous en soyez conscient ou pas.

Quand vous êtes totalement présent et que les gens autour de vous adoptent des comportements inconscients, vous ne sentez pas le besoin de réagir, ne leur accordant ainsi aucune substance. La paix en vous est si vaste et si profonde que tout ce qui n'est pas paix est absorbé par elle comme si rien d'autre n'avait jamais existé. Ceci met fin au cycle karmique de l'action et de la réaction.

Les animaux, les arbres, les fleurs sentiront eux aussi la paix qui est en vous et y seront sensibles. Votre enseignement se fait en étant, en vivant la paix de Dieu.

Vous devenez la « lumière du monde », une émanation de la conscience pure et faites aussi disparaître la souffrance sur le plan de la cause. Vous éliminez l'inconscience du monde.

La sagesse du lâcher-prise

C'est la qualité de la conscience chez vous, à cet instant même, qui est le principal agent déterminant du genre de futur que vous connaîtrez. Lâcher prise est donc la chose la plus importante que vous puissiez faire pour amener un changement positif. Tout geste que vous posez par la suite n'est que secondaire. Aucune action véritablement positive ne peut provenir d'un état de conscience qui n'est pas fondé sur le lâcher-prise.

Pour certaines personnes, ce terme peut avoir des connotations négatives. Il peut vouloir dire défaite, renoncement, incapacité d'être à la hauteur des défis de la vie, léthargie, etc. Cependant, le véritable détachement est quelque chose d'entièrement différent. Cela ne signifie pas endurer passivement une situation dans laquelle vous vous trouvez sans tenter quoi que ce soit pour l'améliorer. Et cela ne signifie pas non plus que vous devez cesser d'établir des plans pour transformer votre vie ou de poser des gestes positifs.

*Le lâcher-prise est la simple mais pro-
fonde sagesse qui nous porte à laisser couler
le courant de la vie plutôt que d'y résister. Et
le seul moment où vous pouvez sentir ce courant, c'est dans l'instant présent. Par conséquent, lâcher prise, c'est accepter le moment
présent inconditionnellement et sans réserve.
C'est renoncer à la résistance intérieure qui
s'oppose à ce qui est.*

Résister intérieurement, c'est dire non à ce qui
est, par le jugement de l'esprit et la négativité
émotionnelle. Cette résistance s'accentue particulièrement quand les choses vont mal, montrant
par là qu'il y a un décalage entre les exigences ou
les attentes rigides du mental et ce qui est. Ce
décalage est celui de la souffrance.

Si vous avez vécu suffisamment longtemps, vous
saurez que les choses « vont mal » relativement
souvent. Et c'est précisément dans ces moments-là
qu'il vous faut mettre en pratique le lâcher-prise si
vous voulez éliminer la souffrance et le chagrin de
votre vie. Quand vous acceptez ce qui est, vous êtes
instantanément libéré de l'identification au mental
et vous reprenez par conséquent contact avec
l'Être. La résistance, c'est le mental.

Le lâcher-prise est un phénomène purement
intérieur. Cela ne veut pas dire que, sur le plan
concret de la dimension extérieure, vous ne pas-
siez pas à l'action pour changer telle ou telle
situation.

En fait, quand vous lâchez prise, ce n'est pas
la situation dans sa globalité que vous devez

accepter, mais juste ce minuscule segment appelé instant présent.

Par exemple, si vous étiez pris dans la boue quelque part, vous ne diriez pas : « OK, je me résigne au fait d'être pris dans la boue. » La résignation n'a rien à voir avec le lâcher-prise.

LECTURE MÉDITATIVE

Il n'est pas nécessaire que vous acceptiez une situation indésirable ou désagréable. *Il n'est pas nécessaire non plus que vous vous racontiez des histoires en vous disant qu'il n'y a rien de mal à être pris dans la boue. Au contraire, vous reconnaissez alors totalement que vous voulez vous en sortir. Puis, vous ramenez votre attention sur le moment présent sans mentalement l'étiqueter d'une façon ou d'une autre.*

En somme, vous ne portez aucun jugement sur le présent. Par conséquent, il n'y a ni opposition ni négativité émotionnelle. Vous acceptez le moment tel qu'il est. Puis vous passez à l'action et faites tout ce qui est en votre pouvoir pour vous en sortir.

Voici ce que j'appelle une action positive. C'est de loin beaucoup plus efficace qu'une action négative, qui est le fruit de la colère, du désespoir ou de la frustration. Continuez à mettre en pratique le lâcher-prise en vous retenant d'étiqueter le présent, et ce, jusqu'à l'obtention du résultat voulu.

Laissez-moi vous donner une analogie visuelle afin d'illustrer ce que je tente de vous expliquer.

Vous marchez le long d'un sentier la nuit, entouré d'un épais brouillard. Toutefois, vous disposez d'une puissante torche électrique qui fend ce brouillard et trace devant vous un passage étroit mais dégagé. Disons que ce brouillard représente vos conditions de vie du passé et du futur et que la torche électrique symbolise la présence consciente, le passage dégagé, le présent.

Le fait de ne pas lâcher prise endurcit la forme psychologique, la carapace de l'ego, et crée un fort sens de dissociation. Vous percevez le monde autour de vous et les gens en particulier comme une menace. Ceci s'accompagne de la compulsion inconsciente de détruire les autres par le jugement, ainsi que du besoin de rivaliser et de dominer. Même la nature devient votre ennemi et c'est la peur qui gouverne vos perceptions et vos interprétations. La maladie mentale que l'on appelle la paranoïa n'est qu'une forme légèrement plus aiguë de cet état normal, mais dysfonctionnel, de conscience.

Ce n'est pas seulement votre forme psychologique qui s'endurcit, mais également votre corps physique, qui devient dur et rigide en raison de la résistance. De la tension se crée dans diverses parties du corps, et celui-ci tout entier se contracte. La libre circulation de l'énergie dans le corps, essentielle à un fonctionnement sain, est grandement restreinte.

Le massage et certaines formes de physiothérapie peuvent certes aider à restituer cette circulation. Mais, à moins que vous ne fassiez du lâcher-prise une pratique quotidienne, ces choses ne peuvent vous procurer qu'un soulagement temporaire des symptômes puisque la cause, c'est-à-dire le comportement de résistance, n'a pas été résolue.

En vous existe quelque chose qui n'est pas affecté par les circonstances changeantes de votre vie et vous ne pouvez y avoir accès que par le lâcher-prise. Ce quelque chose, c'est votre vie, votre Être même, qui se trouve éternellement dans le royaume intemporel du présent.

LECTURE MÉDITATIVE

Si vous estimez que les circonstances de votre vie sont insatisfaisantes ou même intolérables, ce n'est que tout d'abord en lâchant prise que vous pouvez rompre le comportement inconscient de résistance qui perpétue justement ces circonstances.

Le lâcher-prise est parfaitement compatible avec le passage à l'action, l'instauration de changements ou l'atteinte d'objectifs. Mais dans l'état de lâcher-prise, le « faire » est mû par une qualité autre, une énergie totalement différente qui vous remet en contact avec l'énergie première de l'Être. Et si ce que vous faites en est imprégné, cela devient une célébration joyeuse de l'énergie vitale qui vous ramène encore plus profondément dans le présent.

Quand il y a absence de résistance, la qualité de la conscience chez vous et, par conséquent, la qualité de tout ce que vous entreprenez ou créez est grandement augmentée. Les résultats viendront d'eux-mêmes et refléteront cette qualité. On pourrait appeler cela « l'action par le lâcher-prise ».

Quand vous êtes dans un état de lâcher-prise, vous voyez clairement ce qui doit être fait et vous passez à l'action. Vous vous concentrez sur une seule chose à la fois pour ensuite bien l'accomplir. Tirez des leçons de la nature : observez de quelle manière tout s'accomplit et comment le miracle de la vie se déroule sans insatisfaction ni tourment.

C'est pour cela que Jésus a dit : « Regardez comment les lys poussent : ils ne s'affolent ni ne peinent. »

EXERCICE

Si votre situation globale est insatisfaisante ou déplaisante, reconnaissez d'abord l'instant présent et lâchez prise face à ce qui est. C'est la torche électrique qui fend le brouillard. Votre état de conscience cesse alors d'être contrôlé par les circonstances extérieures. Vous n'êtes plus mû par la réaction et la résistance. Ensuite, envisagez la situation en détail et demandez-vous : « Est-ce que je peux faire quelque chose pour changer la situation ou l'améliorer, ou pour m'en dégager ? »

Dans l'affirmative, posez le geste approprié.

Ne concentrez pas votre attention sur les mille et une choses que vous ferez ou aurez peut-être à effectuer à un moment donné, mais plutôt sur LA chose que vous pouvez faire maintenant. Ceci ne veut pas dire que vous ne devriez pas planifier.

C'est peut-être justement LA chose à faire. Assurez-vous cependant de ne pas commencer à vous « passer mentalement des films », à vous projeter dans le futur : cela vous ferait perdre le contact avec le présent. Peu importe le geste que vous posez, il ne portera peut-être pas fruit immédiatement. Ne résistez pas à ce qui est jusqu'à ce que cela se produise.

Si vous ne pouvez poser aucun geste ni vous soustraire à la situation, utilisez celle-ci pour lâcher prise encore plus profondément, pour être encore plus intensément dans le présent, dans l'Être.

Quand vous pénétrez dans la dimension intemporelle du présent, le changement arrive souvent d'étrange façon, sans que vous ayez besoin de faire vous-même grand-chose. La vie elle-même se met de la partie. Si des facteurs intérieurs comme la peur, la culpabilité ou l'inertie vous empêchaient jusque-là de passer à l'action, ils se dissiperont à la lumière de votre présence consciente.

Ne confondez pas le lâcher-prise avec l'attitude je-m'en-foutiste du genre « ça m'est égal ». Si vous y regardez de plus près, vous découvrirez qu'une telle attitude est teintée d'une négativité ayant la forme du ressentiment caché. Ce n'est donc pas du lâcher-prise mais bel et bien une résistance déguisée.

Au moment où vous lâchez prise, tournez votre attention vers l'intérieur pour vérifier s'il reste de la résistance en vous. Soyez très vigilant à ce moment-là, sinon un restant de résistance pourrait encore se cacher dans quelque coin sombre sous la forme d'une pensée ou d'une émotion non conscientisée.

De l'énergie mentale à l'énergie spirituelle

EXERCICE

Commencez par reconnaître qu'il y a résistance. Soyez présent lorsque cela arrive. Observez la façon dont votre mental la crée, comment il étiquette la situation, vous-même ou les autres. Attardez-vous au mental qui entre en jeu. Sentez l'énergie de l'émotion.

En vous faisant le témoin de cette résistance, vous verrez qu'elle ne sert à rien. En concentrant toute votre attention sur le présent, la résistance inconsciente est conscientisée et c'en est fait d'elle.

Il vous est impossible d'être conscient et malheureux, conscient et dans la négativité. Peu importe leur forme, la négativité, le tourment et la souffrance veulent dire résistance, et la résistance est toujours inconsciente.

Choisiriez-vous vraiment le tourment ? Si vous ne le choisissez pas, alors comment se produit-il ? Quelle est sa raison d'être ? Qui le maintient en vie ?

Vous dites être conscient de vos émotions tourmentées, mais la vérité, c'est que vous êtes identifié à elles et que vous entretenez ce processus par la pensée compulsive. Et tout cela est inconscient. Si vous étiez conscient, c'est-à-dire totalement présent à l'instant, toute négativité disparaîtrait presque instantanément. Celle-ci ne pourrait pas survivre en votre présence. Elle ne peut y arriver qu'en votre absence.

Même le corps de souffrance ne peut survivre longtemps en votre présence. Vous maintenez donc votre tourment en vie par le temps. C'est son oxygène. Remplacez le facteur temps par la conscience intense du moment présent, et le temps meurt. Mais voulez-vous vraiment qu'il meure ? En avez-vous vraiment eu assez ? Qui voudrait s'en passer ?

À moins de mettre en pratique le lâcher-prise, la dimension spirituelle est quelque chose qu'on lit dans les manuels, dont on parle, qui nous enthousiasme, sur lequel on écrit des livres, on réfléchit, auquel on croit ou non, selon le cas. Cela ne fait aucune différence.

LECTURE MÉDITATIVE

Du moins pas avant que le lâcher-prise devienne une réalité concrète dans votre vie. *Quand c'est le cas, l'énergie qui émane de vous et mène votre vie a une fréquence vibratoire beaucoup plus élevée que l'énergie mentale qui contrôle encore notre monde, c'est-à-dire l'énergie à l'origine des structures sociales, politiques et économiques de notre civilisation. Cette énergie mentale est aussi celle qui se perpétue en permanence par l'intermédiaire des médias et de l'éducation. C'est ainsi que l'énergie spirituelle advient dans ce monde.*

*Cette énergie n'occasionne aucune souf-
france pour vous, les autres humains, ou
n'importe quelle autre forme de vie planétaire.*

Le lâcher-prise dans les relations interperson-
nelles

Il est vrai que seule une personne inconsciente
essaiera d'utiliser ou de manipuler les autres.
Mais il est également vrai que seule une personne
inconsciente peut être utilisée ou manipulée. Si
vous offrez de la résistance au comportement
inconscient des autres ou luttez contre cela, vous
tombez vous-même dans l'inconscience.

Mais lâcher prise ne veut pas dire se laisser
exploiter par les gens inconscients. Pas du tout.
Il est parfaitement possible de dire « non » fermement et clairement à quelqu'un ou de se dissocier d'une situation tout en restant en même
temps dans un état intérieur d'absence totale de
résistance.

EXERCICE

*Lorsque vous dites « non » à quelqu'un
ou à une situation, faites en sorte que votre
choix origine non pas d'une réaction, mais
d'une prise de conscience, d'un discernement
clair de ce qui est juste ou pas pour vous dans
le moment. Que ce « non » ne soit pas une
réaction.*

*Qu'il soit un « non » de grande qualité, libre
de toute négativité, qui ne créera donc pas de
souffrance ultérieure.*

Si vous ne réussissez pas à lâcher prise, pas-sez immédiatement à l'action : dites le fond de votre pensée aux personnes concernées, faites quelque chose qui modifiera la situation ou bien encore, dissociez-vous totalement de la situation. Assumez la responsabilité de votre vie.

Ne polluez pas votre beau et radieux Être intérieur ni la Terre avec de la négativité. Ne laissez pas le tourment s'immiscer en vous sous quelque forme que ce soit.

EXERCICE

Si vous ne pouvez pas passer à l'action, *parce que vous êtes en prison par exemple, alors il vous reste deux choix : résister ou lâcher prise. L'esclavage ou la libération intérieure devant les circonstances externes. La souffrance ou la paix intérieure*

Le lâcher-prise viendra profondément modifier vos relations. Si vous ne réussissez jamais à accepter ce qui est, ceci sous-entend que vous ne pourrez jamais accepter les autres tels qu'ils sont. Vous jugerez, critiquerez, étiquetterez, rejetterez les gens ou essaierez de les changer.

Par ailleurs, si vous faites continuellement du moment présent un moyen pour arriver à une fin dans le futur, vous ferez de même avec tous les gens que vous rencontrerez ou avec qui vous serez en rapport. La relation – l'être humain – revêt une importance secondaire pour vous ou pas d'importance du tout. Ce que vous retirez de la relation est de nature primaire, c'est-à-dire un

127

gain matériel, un sentiment de pouvoir, du plaisir physique ou une forme quelconque de gratification de l'ego.

Laissez-moi vous expliquer de quelle façon le lâcher-prise peut fonctionner dans les relations :

EXERCICE

Quand vous commencez à vous disputer *ou à entrer en conflit avec votre partenaire ou un proche, observez d'abord à quel point vous vous tenez sur la défensive lorsque l'autre attaque votre position ou sentez la force de votre propre agressivité lorsque vous attaquez la position de l'autre personne. Remarquez votre attachement à vos points de vue et à vos opinions.*

Percevez bien l'énergie mentale et émotionnelle derrière votre besoin d'avoir raison et de donner tort à l'autre. C'est l'énergie de l'ego. Vous la conscientiserez en la reconnaissant, en la sentant le plus totalement possible. Puis, un jour, vous réaliserez soudainement au beau milieu d'une dispute que vous avez le choix et déciderez peut-être tout simplement de ne pas réagir, juste pour voir ce qui se passe.

AINSI, VOUS LÂCHEZ PRISE.

Je ne veux pas dire que vous devez mettre de côté la réaction en disant juste : « Bon, tu as raison » avec une expression qui sous-entend : « Moi, je suis au-dessus de ces enfantillages inconscients ». Ceci ne fait que transposer la résistance sur un autre plan : celui du mental, toujours actif, qui prétend être supérieur. Je parle ici de laisser tomber tout le champ énergétique mental et émotionnel qui luttait en vous pour avoir le pouvoir.

L'ego est rusé. Il vous faut donc être très vigilant, très présent et totalement honnête avec vous-même pour voir si vous avez véritablement renoncé à l'identification à une position.

LECTURE MÉDITATIVE

Si vous vous sentez soudainement très léger, dégagé et profondément en paix, c'est le signe indiscutable que vous avez vraiment lâché prise.

Regardez alors de près ce qui se passe chez l'autre personne, quant à la position qu'elle défendait, lorsque vous ne donnez plus d'énergie à cette dernière en lui résistant. Quand l'identification aux prises de position est éliminée, une véritable communication s'instaure.

La non-résistance n'est pas nécessairement synonyme d'inaction. Tout ce que cela veut dire, c'est que toute action n'est plus forcément une réaction. Souvenez-vous de la profonde sagesse qui sous-tend la pratique des arts martiaux : ne pas offrir de résistance à la force de l'adversaire. Céder pour mieux triompher de lui.

Cela étant dit, « ne rien faire » quand vous êtes dans un état de présence intense est un puissant outil de transformation et de guérison, qu'il s'agisse de situations ou de personnes. Dans le taoïsme, il existe un terme chinois, *wuwei*, que l'on traduit habituellement par « activité sans action » ou par « être tranquillement assis sans rien faire ». Dans la Chine d'autrefois, ceci était considéré comme un des plus importants accomplissements ou une des plus grandes vertus.

C'est radicalement différent de l'inactivité dans l'état de conscience ordinaire, ou si vous préférez de l'inconscience, qui résulte de la peur, de l'inertie ou de l'indécision. Le véritable « non-faire » sous-entend l'absence de résistance intérieure et un état de vigilance intense.

D'un autre côté, si l'action est nécessaire, vous ne réagirez plus en fonction de votre conditionnement mental, mais agirez selon votre présence consciente. Dans cet état de présence, votre mental est libre de tout concept, y compris celui de la non-violence. Alors, qui peut prévoir ce que vous ferez ?

L'ego croit que votre force se trouve dans la résistance, alors qu'en vérité la résistance vous coupe de l'Être, le seul véritable pouvoir. La résistance, c'est de la faiblesse et de la peur qui se font passer pour de la force. Ce que l'ego voit comme de la faiblesse dans votre Être, ce sont sa pureté, son innocence et sa force. Et ce qu'il juge comme de la force est de fait une faiblesse. L'ego existe donc sur un perpétuel mode de résistance et joue de faux rôles pour masquer votre prétendue « faiblesse », qui est en vérité votre force.

Jusqu'à ce qu'il y ait lâcher-prise, les jeux de rôle inconscients constituent en grande partie l'interaction entre humains. Avec le lâcher-prise, vous n'avez plus besoin des défenses de l'ego et de faux masques. Vous devenez très simple, très vrai. « C'est dangereux, dit l'ego. Tu vas te faire blesser. Tu seras vulnérable. »

Mais ce que l'ego ne sait pas, bien entendu, c'est que c'est seulement en renonçant à la résistance, en devenant vulnérable, que vous pouvez découvrir votre véritable et essentielle invulnérabilité.

CHAPITRE NEUF

TRANSFORMER LA MALADIE ET LA SOUFFRANCE

Comment transformer la maladie en illumination

Lâcher prise, c'est accepter intérieurement ce qui est sans réserve. Ce dont il est question ici, c'est de votre vie – en cet instant – et non des circonstances ou de ce que j'appelle vos conditions de vie.

La maladie fait partie de vos conditions de vie. Elle a un passé et un futur qui se perpétuent sans fin, sauf si l'instant présent, qui a le pouvoir de racheter, est activé par votre présence consciente. Comme vous le savez, derrière les diverses circonstances qui constituent vos conditions de vie – présentes dans le temps –, il y a quelque chose de plus profond, de plus essentiel : votre vie, votre Être même dans l'éternel présent.

Comme il n'y a aucun problème dans le moment présent, il n'y a pas de maladie non plus. Quand quelqu'un adopte une croyance vis-à-vis de votre état et vous colle ainsi une étiquette sur le dos, celle-ci amène l'état à s'installer pour de bon, lui donne du pouvoir et fait d'un déséquilibre temporaire une réalité apparemment immuable. La croyance confère non seulement réalité et consistance à la maladie, mais aussi une continuité temporelle qu'elle n'avait pas auparavant.

EXERCICE

En vous concentrant sur l'instant et en vous retenant de l'étiqueter mentalement, la maladie est réduite à un ou à plusieurs des facteurs suivants : la douleur physique, la faiblesse, l'inconfort ou l'invalidité. C'est ce face à quoi vous lâchez prise maintenant, et non pas à l'idée de la maladie.

Permettez à la souffrance de vous ramener de force dans le « maintenant », dans un état d'intense et consciente présence. Utilisez-la pour arriver à l'éveil.

Le lâcher-prise ne transforme pas ce qui est, du moins pas directement. Il vous transforme, vous. Et quand vous êtes transformé, c'est tout votre monde qui l'est. Pourquoi ? Parce que le monde n'est qu'un reflet. Nous avons déjà parlé de cela.

Le problème, ce n'est pas la maladie, c'est vous, aussi longtemps que le mental contrôle les choses.

LECTURE MÉDITATIVE

Lorsque vous êtes malade ou invalide, n'ayez pas le sentiment d'avoir échoué d'une manière ou d'une autre, ne vous sentez pas coupable. Ne reprochez pas à la vie de vous avoir traité injustement et ne vous faites pas *non plus de réprimandes. Tout cela, c'est de la résistance.*

Si vous avez une maladie grave, servez-vous-en pour atteindre l'illumination. Tout ce qui peut arriver de « mal » dans votre vie doit vous amener vers cet état.

Dissociez le temps de la maladie. Ne conférez ni passé ni futur à la maladie. Laissez-la vous ramener de force dans l'intense conscience du moment présent et observez ce qui se passe.

Devenez un alchimiste. Transformez le vulgaire métal en or, la souffrance en conscience, le malheur en une occasion d'éveil.

Êtes-vous gravement malade et ce que je viens de dire vous met-il en colère ? Alors, c'est le signe flagrant que votre maladie a fini par faire partie du sens que vous avez de vous-même et que vous protégez votre identité, en même temps que vous protégez votre maladie.

La circonstance qui porte l'étiquette « maladie » n'a rien à voir avec ce que vous êtes vraiment.

*
* *

Quand le malheur frappe ou que quelque chose va très « mal » – maladie, invalidité, perte d'un chez-soi, d'une fortune ou d'une identité sociale, rupture d'une relation intime, décès ou souffrance d'une personne chère, ou imminence de votre propre mort –, sachez qu'il y a un revers à cette médaille, que vous n'êtes qu'à un pas de quelque chose d'incroyable, de la transformation alchimique totale du vulgaire métal de la douleur et de la souffrance en or. Et ce pas, c'est le lâcher-prise.

Je ne dis pas que vous serez heureux dans une telle situation. Non, vous ne le serez pas. Par contre, la peur et la douleur se transformeront en cette paix et cette sérénité intérieures qui proviennent d'une profondeur insondable, du non-manifeste lui-même. Il s'agit de « la paix de Dieu, qui dépasse tout entendement ». Comparativement à elle, le bonheur est plutôt superficiel.

Cette paix radieuse s'accompagne de la réalisation que vous êtes indestructible, immortel. Et cette réalisation s'effectue non pas sur le plan du mental mais au plus profond de votre être. Ce n'est pas une croyance ; c'est une certitude absolue qui n'exige aucune preuve extérieure.

Comment transformer la souffrance en paix

Dans certaines situations extrêmes, il vous sera peut-être toujours impossible d'accepter le présent. Mais pour le lâcher-prise, vous avez toujours une seconde chance.

LECTURE MÉDITATIVE

Votre première chance, c'est de lâcher prise chaque instant devant la réalité du présent. Sachant que ce qui est ne peut être défait – puisque cela est déjà –, vous dites oui à ce qui est ou vous acceptez ce qui n'est pas.

Ensuite, vous faites ce que vous avez à faire, selon les exigences de la situation. Si vous vous maintenez dans cet état d'acceptation, vous ne créez plus de négativité, de souffrance ou de

tourment. Par conséquent, vous vivez dans un
état de non-résistance, de grâce et de légèreté,
libre de toute lutte intérieure.

Quand vous ne réussissez pas à vivre ainsi, c'est-à-dire quand vous laissez passer cette première chance parce que la présence de votre conscience n'est pas suffisamment intense pour empêcher des schèmes de résistance automatiques et inconscients de se produire ou parce que les circonstances sont tellement extrêmes qu'elles vous sont totalement inacceptables, vous créez alors une forme quelconque de douleur ou de souffrance. Vous pouvez avoir l'impression que ce sont les circonstances qui créent la souffrance, alors que, en fin de compte, ce n'est pas le cas. En réalité, c'est votre résistance.

La seconde chance à votre portée pour lâcher prise, *c'est d'accepter ce qui est en vous à défaut d'accepter ce qui est extérieur à vous. S'il vous est impossible d'admettre les circonstances extérieures, alors acceptez la situation intérieure.*

Autrement dit, vous ne devez pas résister à la souffrance. Donnez-lui la permission d'être là. Lâchez prise face au chagrin, au désespoir, à la peur, à la solitude ou à toute autre forme adoptée par la souffrance. Soyez-en le témoin sans l'étiqueter mentalement. Accueillez-la.

Par la suite, observez la façon dont le miracle du lâcher-prise transforme la souffrance profonde en paix profonde. Cette situation est

votre crucifixion. LAISSEZ-LA DEVENIR VOTRE
RÉSURRECTION ET VOTRE ASCENSION.

Quand la souffrance est profonde, vous ressentez sans doute une forte pulsion à vouloir y échapper plutôt que de vouloir lâcher prise. Vous ne voulez pas sentir ce que vous sentez. Quoi de plus normal ? Mais il n'y a aucune échappatoire, aucune issue de secours.

Il y a par contre de fausses échappatoires comme le travail, l'alcool, les drogues, la colère, les projections, la répression, etc. Mais celles-ci ne vous libèrent pas de la douleur. La souffrance ne diminue pas en intensité quand vous la rendez inconsciente. Quand vous niez la douleur émotionnelle, tout ce que vous entreprenez ou pensez est contaminé par elle. Même vos relations. Pour ainsi dire, vous diffusez cette vibration de souffrance par l'énergie qui émane de vous, et les autres la sentent intuitivement. S'ils sont dans l'inconscience, il se peut qu'ils se sentent poussés à vous agresser ou à vous blesser d'une manière ou d'une autre. Ou bien alors c'est vous qui les blesserez par une projection inconsciente de votre souffrance. Vous attirez vers vous tout ce qui peut correspondre à votre état intérieur.

EXERCICE

Quand il n'y a plus moyen de s'en sortir, il y a toujours moyen de passer à travers. *Alors, ne vous détournez pas de la souffrance. Faites-lui face et sentez-la pleinement. Je dis bien de la sentir, non pas d'y réfléchir ! Exprimez-la si nécessaire, mais ne rédigez pas mentale-*

ment de scénario à son sujet. Accordez toute votre attention à l'émotion et non pas à la personne, à l'événement ou à la situation qui semble l'avoir déclenchée.

Ne laissez pas le mental utiliser la souffrance pour en confectionner une identité de victime. Vous prendre en pitié et raconter votre histoire aux autres vous maintiendra dans la souffrance. Puisqu'il est impossible de se dissocier de l'émotion, la seule possibilité qui reste pour changer les choses, c'est de passer à travers la souffrance. Autrement, rien ne bougera.

Alors, accordez toute votre attention à ce que vous sentez et retenez-vous de l'étiqueter mentalement. Soyez très vigilant quand vous plongez dans l'émotion.

Tout d'abord, vous aurez peut-être l'impression d'être dans un lieu sombre et terrifiant. Et quand un besoin pressant se fera sentir de lui tourner le dos, restez là à l'observer sans passer à l'action. Continuez à maintenir votre attention sur la souffrance, à sentir le chagrin, la peur, la terreur, la solitude ou toute autre chose. Restez alerte et présent. Présent avec tout votre être, avec chacune des cellules de votre corps. En faisant cela, vous laissez entrer un peu de lumière dans toute cette obscurité. Vous y amenez la flamme de votre conscience.

À ce stade-là, vous n'avez plus besoin de vous préoccuper du lâcher-prise. Il s'est déjà produit. Comment ? Être totalement attentif, c'est accepter totalement. En accordant entièrement votre attention à ce qui est, vous recourez au pouvoir de l'instant présent, celui de votre propre présence.

Aucune résistance cachée ne peut survivre à une telle présence, car celle-ci élimine le temps. Et sans le temps, aucune souffrance, aucune négativité, ne peut être.

Accepter la souffrance, c'est cheminer vers la mort. *Faire face à la souffrance profonde, lui donner la permission d'être, lui accorder votre attention, c'est entrer consciemment dans la mort. Quand vous avez connu cette mort, vous prenez conscience que la mort n'existe pas et qu'il n'y a rien à craindre. Seul l'ego meurt.*

Imaginez qu'un rayon de soleil ait oublié qu'il fait inséparablement partie du soleil et qu'il se fasse des illusions en croyant devoir lutter pour survivre, devoir se façonner une identité autre que le soleil, et qu'il y tienne dur comme fer. Ne pensez-vous pas que la mort de cette illusion serait incroyablement libératrice ?

Voulez-vous une mort facile ? *Préféreriez-vous mourir sans souffrir, sans agoniser ? Alors laissez le passé mourir à chaque instant et laissez la lumière de votre présence faire disparaître le moi lourd et pris dans le piège du temps que vous pensiez être « vous ».*

Le chemin de croix – l'illumination à travers la souffrance

Le chemin de croix que vous avez mentionné est l'ancienne façon d'arriver à la réalisation et jusqu'à récemment, c'était la seule. Mais ne l'écartez pas ou n'en sous-estimez pas l'efficacité. Cela fonctionne encore.

Le chemin de croix est un renversement total des choses. En d'autres termes, ce qu'il y a de pire dans votre vie, votre croix, s'avère la meilleure chose qui ait pu vous arriver dans la vie. C'est quelque chose qui vous contraint à lâcher prise, à « mourir », à devenir rien, à devenir Dieu, parce que Dieu est également le néant.

Se réaliser par la souffrance – le chemin de croix – veut dire être forcé d'entrer dans le royaume des cieux à cor et à cri. Vous lâchez prise en fin de compte parce que vous ne pouvez plus supporter la souffrance, mais il se peut que la souffrance dure longtemps avant que cela ne se produise.

LECTURE MÉDITATIVE

Choisir consciemment l'éveil *correspond à renoncer à l'attachement au passé et au futur et à faire du présent le point de mire principal de votre vie.*

Cela veut dire choisir de se maintenir dans l'état de présence plutôt que dans le temps. Cela signifie dire oui à ce qui est. Il n'est plus nécessaire alors de souffrir.

De combien de temps pensez-vous avoir besoin encore avant de pouvoir affirmer : « Je ne créerai plus de douleur ou de souffrance » ? Jusqu'à quand vous faudra-t-il souffrir avant de pouvoir effectuer ce choix ?

Si vous pensez qu'il vous faut encore plus de temps, alors vous en aurez et vous aurez aussi plus de souffrance. Car le temps et la souffrance sont indissociables.

Avoir le pouvoir de choisir

Le choix sous-entend de la conscience, un degré élevé de conscience. Sans elle, vous n'avez pas de choix. Le choix existe à partir du moment où vous vous désidentifiez du mental et de ses schèmes de conditionnement, à partir du moment où vous devenez présent.

Et avant d'atteindre ce moment, vous êtes inconscient, spirituellement parlant. Ceci veut dire que vous êtes contraint de penser, de sentir et d'agir en fonction du conditionnement de votre mental.

Personne ne choisit le dysfonctionnement, le conflit ou la douleur. Personne ne choisit la folie. Ceux-ci adviennent parce qu'il n'y a pas suffisamment de présence en vous pour dissoudre le passé, pas assez de lumière pour dissiper l'obscurité. Vous n'êtes pas totalement ici. Vous n'êtes pas encore tout à fait éveillé. Et entre-temps, c'est le mental conditionné qui gère votre vie.

De la même façon, si vous êtes une de ces nombreuses personnes à avoir une problématique parentale, si vous ressassez encore du ressentiment envers vos parents pour quelque chose qu'ils ont fait ou n'ont pas fait, c'est que vous croyez encore qu'ils avaient le choix, qu'ils auraient pu agir différemment. On a toujours l'impression que les gens avaient le choix : c'est une illusion. Tant et aussi longtemps que votre mental et son conditionnement gèrent votre vie, aussi longtemps que vous êtes votre mental, quel choix avez-vous ? Aucun. Vous n'êtes même pas là. L'identification au mental est un état hautement dysfonctionnel. C'est une forme de démence.

Presque tout le monde en souffre à des degrés variables. Dès l'instant où vous prenez conscience de cela, il ne peut plus y avoir de ressentiment. Comment pouvez-vous éprouver du ressentiment vis-à-vis de la maladie de quelqu'un ? La seule attitude possible est la compassion.

Si c'est votre mental qui mène votre vie, bien que vous n'ayez aucun choix, vous souffrirez encore des conséquences de votre inconscience et créerez davantage de souffrance. Vous aurez à porter le fardeau de la peur, du conflit, des problèmes et de la douleur. La souffrance ainsi créée vous forcera, à un moment ou à un autre, à sortir de votre état d'inconscience.

LECTURE MÉDITATIVE

Vous ne pouvez pas vraiment vous pardonner, ainsi qu'aux autres, aussi long-temps que vous cherchez votre identité dans le passé. C'est seulement en accédant au pouvoir de l'instant présent, qui est votre pouvoir propre, qu'il peut y avoir un véritable pardon. Cela rend le passé impuissant et vous permet de réaliser profondément que rien de ce que vous avez fait ou de ce qu'on vous a fait n'a *pu le moins du monde toucher l'essence radieuse de votre Être.*

Et dans cet esprit, le concept du pardon devient alors entièrement inutile.

Lorsque vous lâchez prise face à ce qui est et que vous devenez donc totalement présent, le passé perd tout pouvoir. Vous n'en avez plus besoin. LA PRÉSENCE EST LA CLÉ. LE PRÉSENT L'EST AUSSI.

*

* *

Étant donné que la résistance et le mental sont indissociables, le renoncement à la résistance – le lâcher-prise – met fin au règne du mental comme maître absolu, comme l'imposteur qui prétend être « vous », le faux Dieu. Tout jugement et toute négativité disparaissent.

Le royaume de l'Être, qui était masqué par le mental, se révèle. Tout d'un coup, un grand calme naît en vous, une insondable sensation de paix.

Et au cœur de cette paix, il y a une grande joie.

Et au cœur de cette joie, il y a l'amour.

Et au cœur de tout cela, il y a le sacré, l'incommensurable. Ce à quoi on ne peut attribuer de nom.

REMERCIEMENTS

Je suis reconnaissant envers Victoria Ritchie, Connie Kellough, Marc Allen ainsi qu'envers toute l'équipe de New World Library pour leur appui et la rédaction de ce livre.

Des remerciements particuliers vont à tous ceux qui ont, depuis le début, participé à la promotion du livre *Le pouvoir du moment présent*. Seulement quelques personnes sont mentionnées ici : Cathy Bordi, Marina Borusso, Randall Bradley, Ginna Belle-Bragg, Tommy Chan, Greg Clifford, Steve Coe, Barbara Dempsey, Kim Eng, Doug France, Joyce Franzee, Remi Frumkin, Wilma Fuchs, Stephen Gawtry, Pat Gordon, Matthew et Joan Greenblatt, Jane Griffith, Surati Haarbrucker, Marilyn Knipp, Nora Morin, Karen McPhee, Sandy Neufeld, Jim Nowak, Carey Parder, Carmen Priolo, Usha Raetze, Joseph Roberts, Steve Ross, Sarah Runyen, Nikki Sachdeva, Spar Street, Marshall et Barbara Thurber, Brock Tully.

J'aimerais aussi exprimer mon amour et ma reconnaissance aux propriétaires de librairies de quartier ainsi qu'à leur équipe. Ces gens ont contribué de façon importante à faire circuler

Le pouvoir du moment présent. Ma gratitude va entre autres à :

- Banyen Books, Vancouver (Colombie-Britannique)
- Bodhi Tree Bookstore, Los Angeles (Californie)
- East-West Bookshop, Seattle (Washington)
- East-West Bookshop, Mountain View (Californie)
- Greenhouse Books, Vancouver (Colombie-Britannique)
- Heaven on Earth Book Store, Encinitas (Californie)
- New Age Books & Crystals, Calgary (Alberta)
- Open Secret Book Store, San Rafael (Californie)
- Thunderbird Book Store, Carmel (Californie)
- Transitions Bookplace, Chicago (Illinois)
- Watkins Bookshop, Londres (Royaume-Uni)

RECOMMANDATIONS

Le pouvoir du moment présent, par Eckhart Tolle (Ariane Éditions inc ; septembre 2000). Déjà, ce livre a acquis la réputation d'être un classique.

The Power of Now companion Audio, par Eckhart Tolle (Namaste Publishing, 2000). Voir leur site Web : (www.namastepublishing.com).

Freeing Yourself from Your Identification with Your Mind. Une vidéocassette par Eckhart Tolle (Namaste Publishing, 2001).

L'homme est le reflet de ses pensées, par James Allen (Un monde différent, 1997). Un livre phare sur la transformation.

The Bhagavad Gita : A Walkthrough for Westerners, par Jack Hawley (New World Library, 2001). Un grand livre traitant de la spiritualité. Aussi puissant et moderne que *Le pouvoir du moment présent*.

Techniques de visualisation créatrice, par Shakti Gawain. Un autre ouvrage qui a enseigné à des millions de personnes comment non seulement améliorer leur vie mais aussi le monde qui les entoure.

Les sept lois spirituelles du succès, par Deepak Chopra. (Éd. du Rocher, 1995). Un ouvrage brillant, simple mais en même temps puissant.

Vous pouvez obtenir plus d'informations à propos
d'Eckhart Tolle en vous adressant à :

Namaste Publishing Inc.
P.O. Box 62084
Vancouver, Colombie-Britannique, Canada
V6J 4A3
Téléphone : (604) 224-3179
Télécopieur : (604) 224-3354
Courrier électronique : namaste@bc.sympatico.ca
Site web : www.namastepublishing.com

TABLE DES MATIÈRES

Bien être

9444

Composition
NORD COMPO

Achevé d'imprimer en Slovaquie
par NOVOPRINT
le 22 juillet 2014.

EAN 9782290020210
OTP L21EPBN000189C010
1ᵉʳ dépôt légal dans la collection décembre 2010.

Éditions J'ai lu
87, quai Panhard-et-Levassor, 75013 Paris
Diffusion France et étranger : Flammarion